# Profesión: mamá

VIVIRMEJOR

# Profesión: mamá

## Irma Gallo

VERGARA

MÉXICO · BARCELONA · BOGOTÁ · BUENOS AIRES · CARACAS
MADRID · MONTEVIDEO · MIAMI · SANTIAGO DE CHILE

*Profesión: mamá*
Primera edición, noviembre de 2014

D. R. © 2014, Irma Gallo

D. R. © 2014, Ediciones B México, S. A. de C. V.
    Bradley 52, Anzures DF-11590, México
    *www.edicionesb.mx*
    *editorial@edicionesb.com*

ISBN 978-607-480-732-5

Impreso en México | *Printed in Mexico*

# Índice

A Camila, por todo, siempre.

A mis padres, Irma y Miguel Ángel, que
son mi columna vertebral.

A mi hermana Valeria, mi cuñado Alfonso y mi
sobrino Patricio, una segunda familia para mi hija.

# Agradecimientos

A Yeana González López de Nava, por haber confiado en que yo podía emprender esta aventura.

A Sanjuana Martínez, Eugenia León, Sonia Silva-Rosas, Ana Gómez, Norma Esther Andrade, Rocío Mireles, Amalia Pérez, Cristina y María Fernanda Bolaños, por sus sinceros y generosos testimonios.

A mis tías Martha y Laura López de Lara Loredo, por el gran amor que le tienen a mi niña.

A Jessica Castro, Sandra Guerrero, Mónica García y Betty Gaxiola, por su amistad de casi 30 años y sus consejos que han tenido mucho que ver en la persona en que me he convertido con el paso de los años.

A Mónica Mateos, Ericka Montaño y Laura García, colegas y amigas queridas, que siempre me hacen reír.

A Juan Jacinto Silva Ibarra, por la amistad de tantos años, el respeto a mi trabajo, la paciencia con mis locuras y todos los permisos que me ha dado.

A Verónica López, Alberto Aranda, Huemanzin Rodríguez y Laura Barrera, compañeros en el Canal 22 desde hace ya 13 años, que me han tenido paciencia aún en mis peores momentos.

A Alejandro Páez Varela, Rita Varela Mayorga, Ricardo Ravelo, Denixe Hernández, Edgar Krauss, Eileen Truax, Témoris Grecko, Javier Fernández de Angulo y Daniela Valdez, por haber confiado en mi trabajo y publicarlo en sus medios.

A Rosa María Martínez, por su amistad y sus atinados consejos.

A Sandra Lorenzano, por ser una mujer generosa y llena de luz.

# Introducción

Soy periodista. Trabajo a deshoras, no tengo días fijos de descanso y me pueden mandar de viaje de un momento a otro.

Cuando era niña (y todavía en la adolescencia y más allá, de los 20 a los 30 años de edad), estaba convencida de que no quería ser mamá. Decía -como muchas mujeres de mi generación, hijas de aquellos padres que vivieron su juventud en los revolucionarios años sesenta- que un hijo(a) iba a "entorpecer" mis planes, se iba a "interponer" entre mi "brillante" futuro y yo.

Pero cuando cumplí los 31, el deseo de tener un bebé se hizo más y más grande; más y más urgente; no era el hecho de sentir que el reloj biológico aceleraba su marcha; tampoco que mi familia me lo estuviera exigiendo (como ocurre, lamentablemente, en muchos casos). Sólo me di cuenta de que mi vida no estaría completa sin haberle dado la vida a otro ser. Así de cursi, anti feminista o tradicional como pueda escucharse.

Algunas mujeres experimentamos esta necesidad en algún momento de nuestra existencia; otras no. Ellas también merecen todo mi respeto y admiración. Sólo una puede intuir, desde lo más profundo de su intimidad, lo que es mejor para su desarrollo personal, e incluso para su salud emocional y física. Y si mi hija decide que no quiere ser mamá la apoyaré con la convicción de que sabe bien porqué lo hace; de que su felicidad es lo más importante. A fin de cuentas, de eso se trata la vida: de trabajar día a día para ser felices, lo que sea que eso signifique para cada quien.

Este libro no tiene la intención de convencer a nadie en un sentido o en el otro; sólo quiero compartirles mi experiencia y la de otras mujeres por lo que pueda aportar a las suyas.

Como he dicho antes, a mi y a mi hermana Valeria nadie nos presionó para tener hijos. Mis padres, los más amorosos que hubiéramos podido tener, formaron una familia sólida; en nuestra casa había regaños cuando era necesario pero sobre todo había conversación, acuerdos, consenso, libertad de pensamiento. Ya adultas, nunca se hubieran atrevido a violentarnos exigiendo nietecitos para complementar su vida en la edad madura.

Yo primero (y Vale después) decidimos, con toda la conciencia de lo que implicaba la decisión (o al menos eso creíamos) ser mamás. Pero cuando nació Camila, como le sucede a muchas mujeres, me sentí muy sola. No sabía qué hacer ni mucho menos cómo hacerlo.

Empezaron las noches sin dormir y el cansancio permanente; todo el glamour de la idea que yo tenía de ser madre se fue a la basura, junto con la pila de pañales que cambiaba y cambiaba sin cesar, y la ropa sucia de bebé que se amontonaba en el cesto como acto de brujería.

Por si fuera poco, al mes y medio de que ella llegó regresé a trabajar. Como he dicho, esta profesión no tiene horarios ni días fijos de descanso, y un par de semanas después la leche se me acabó: mucho antes de lo que se recomienda, dejé de amamantarla y tuve que darle fórmula láctea.

He llorado mucho, me he desesperado, he querido tirar la toalla, pero también he disfrutado como loca cada etapa del desarrollo de mi niña. Le digo MÍA aunque se que no lo es; un ser tan complejo no podría ser de nadie.

Y aunque a veces la culpa, esa odiosa madrastra de cuento que intenta arruinarme la existencia con su parloteo incesante, me dice que debo estar más tiempo con ella, que no estoy suficientemente atenta a sus necesidades, que no soy buena madre, yo me levanto todos los días porque ella está aquí, para contribuir con mi trabajo diario no sólo a su felicidad individual sino a que el mundo en el que le toque vivir cuando crezca sea un poco menos violento, menos árido, menos triste.

Hoy, como muchas mujeres que han decidido que lo quieren todo, tengo una hija hermosa, inteligente, amorosa y digna, y al mismo tiempo, un trabajo al que me entrego con pasión y sin concesiones: el periodismo.

Hoy estoy convencida de que, aunque muchos y muchas piensen lo contrario, no hay nada más revolucionario y valiente que ser mamá y profesionista.

# 1

## La noticia que lo cambiará todo: voy a ser mamá

Ha nacido Clara. La última vez que los vecinos de Froxán pudieron anunciar un hecho semejante fue cuando vino al mundo Javier, el pequeño de la Casa de Río, hace ya casi 27 años. El nacimiento de la niña, el pasado día 23, es, de verdad, la noticia del siglo en este valle de O Courel de casas apiñadas, encaramadas a la ladera como los jubilados se arriman a la cocina de hierro para atravesar los meses de nieve. En el siglo XXI no se recuerdan acontecimientos más grandes...

**Silvia R. Pontevedra,** *Treinta años esperando un bebé*

**S**oy la hija mayor de Miguel Ángel e Irma. Nací el 29 de noviembre de 1971, cuando mis papás, ya repuestos del golpe que supuso para todos los jóvenes de su generación la matanza de Tlatelolco, trabajaban en la Secretaría de Salubridad. Cierro los ojos y vienen a mi mente las fotografías de esa época. Sólo puedo pensar cómo me habría gustado conocer a esos dos jóvenes llenos de ideales y de proyectos: mi papá muy delgado, con el pelo corto pero muy alborotado, y el bigote que desde entonces nunca lo abandonó. Mi mamá con el cabello largo hasta la cintura, usando morral y guaraches de cuero, minifalda y los ojos maquillados de manera muy expresiva.

Además de ser burócratas de medio tiempo, mi mamá estudiaba Artes Plásticas en la Academia de San Carlos. Pintaba realmente muy bien, y soñaba con dar a conocer su trabajo en México y el extranjero.

Mi papá, junto con otro grupo de jóvenes egresados de la Facultad de Ciencias Políticas de la UNAM, comenzaba a dar clases a la primera generación de alumnos del Colegio de Ciencias y Humanidades. Tenía muchas ganas de hacer un verdadero cambio en la manera en cómo se impartía en México la educación media superior, y sobre todo la asignatura de Historia. Tenían 24 años de edad cuando, después de sólo tres meses de novios, se casaron, y casi 26 cuando yo llegué a sus vidas.

Decidieron tener sólo dos hijas; un año tres meses después de mí, nació mi hermana Valeria, con quien me unen lazos muy fuertes pero igualmente complejos, como supongo que les sucede a todos los hermanos.

En esa época, según el Inegi, poco más de 29 millones de mexicanos estaban casados, de una población total de 48 millones; poco más de 50 %. Un dato curioso es que de las personas en matrimonio, 8 millones eran menores de edad. De la población entre los 20 y los 24 años, 4 millones eran casados, ya sea por el civil, el religioso o ambos. En cuanto a divorcios y separaciones, poco más de 542 000 mexicanos se encontraban en ese estado civil; es decir, representaban menos de 2 % frente a los casados. A finales de la década de 1960, el promedio de hijos era de 3.1 por cada mujer mayor de 12 años. El total de mujeres mexicanas era de alrededor de 24 millones, y sólo 66 000 tenían educación superior profesional: no alcanzaba siquiera el uno por ciento.

Tuvimos una infancia feliz y plena. Mis papás se ocuparon de dar cauce a nuestras inquietudes artísticas: estudiamos teatro guiñol, actuación y piano. Vale heredó el talento de mi mamá y de mi abuelo paterno (Pedro Gallo, pintor y diseñador de decorados en la época de oro del cine nacional), así que para ella resultaba mucho más atractiva la parte de la clase de guiñol que consistía en diseñar los títeres, hacerlos y pintarlos.

Yo prefería la actuación. Durante muchos años (hasta los 25, más o menos), soñé con ser actriz. Incluso, con mi mamá, formamos parte de una compañía teatral en la época en que nos fuimos a vivir a Querétaro.

No me puedo quejar; el teatro me regaló mi primer viaje a Europa: en 1994 la compañía de la que formaba parte (mi mamá ya no estaba) fue seleccionada para presentar *Woyzeck*, de Georg Buchner, en el Festival Iberoamericano de Teatro de Cádiz, España. Después, un par de amigas, un amigo y yo, continuamos viajando por Madrid, Barcelona, Roma, Florencia, Venecia y París.

Años después, ya de regreso en la Ciudad de México, me di cuenta de que el teatro no era para mí. Volví a escribir. Entré a la carrera de Comunicación Social en la UAM Xochimilco y desde entonces soy periodista.

A los 31 años, parecía "no tener para cuándo" hacer abuelos a mis papás. Mi hermana tampoco. Como he dicho, nunca nos lo habrían pedido directamente (incluso creo que lo habrían considerado una intromisión violenta en nuestras vidas), pero a veces, en algunas conversaciones, dejaban salir bromas sobre el tema, del tipo de: "Nuestros nietos nos van a conocer cuando nos lleven flores a la tumba".

La de esta familia no era, ciertamente, la historia del pueblo de O Courel, pero casi.

\* \* \*

En 2001, unos meses después de que entré a trabajar como reportera a Canal 22 (al que se considera el canal cultural de mi país, parte de la estructura del Consejo Nacional para la Cultura y las Artes, o sea, dependiente de la Secretaría de Educación Pública), me independicé de la casa de mis papás.

Me recuerdo feliz y orgullosa, eligiendo una cama y una cabecera de madera, un colchón matrimonial (cómo odiaba las camas individuales en las que había dormido hasta entonces), un *love seat* tapizado en tela gruesa de color vino, un refrigerador que más bien parecía un mini bar de tan pequeño (que le compré directamente a un amigo, ex compañero de la UAM que acababa de tronar con su novia y no soportaba ver el dichoso refri), y pensando que no necesitaba nada más para ser feliz.

Cuando eres la hija mayor de una familia en la que tu única hermana ya se independizó y tú sientes que te has tardado mucho, ese momento se saborea como pocos. La competencia entre dos hermanas es inevitable, y aunque mis papás siempre nos dejaron muy en claro que nos querían por igual, independientemente de nuestros logros o de cuánto tardáramos en alcanzarlos, a mí me pesó mucho que Vale se pudiera ir primero de la casa paterna.

Durante ese año todo fue nuevo y excitante en mi vida: las entrevistas a grandes personajes (recuerdo que me mandaron por primera vez a entrevistar a Carlos Monsiváis en su casa llena de libros y gatos; a Gael García Bernal por una película malísima en la que actuaba del Diablo, y cuyo reparto lo completaban Penélope Cruz y Victoria Abril, y a grabar el *show case* de una de mis cantantes favoritas: Alanis Morissette), los viajes de trabajo (Cuba y El Salvador, Veracruz, Monterrey, el Itsmo de Tehuantepec) y gozar de mi propio espacio vital, en donde yo decidía a qué hora me acostaba, qué comía, qué veía en la televisión, qué música escuchaba y a qué volumen.

Mis días tenían un ritmo trepidante: ir a distintas locaciones a cubrir notas (a veces en el vehículo de los camarógrafos, a veces en metro), regresar al canal a calificarlas (o sea, seleccionar los fragmentos de grabación que me interesaban y anotar los *time code* en donde estaban y luego transcribirlos), escribir el guión y finalmente grabar mi voz en *off*.

Cuando tenía tiempo, iba a un pequeño gimnasio que estaba en la colonia a hacer *spinning*. ¡Yo, que para nada soy amante del ejercicio, cómo disfrutaba sudar encima de una bicicleta fija al ritmo de la música!

Todo parecía perfecto en mi vida. Hasta que un par de años más tarde comencé a sentir un deseo muy fuerte de tener un bebé. No era por soledad, pues aunque vivía sola, siempre estaba rodeada de gente, dada la naturaleza de mi trabajo. Es más, los viernes anhelaba llegar a mi departamento para escapar del ruido y de la gente.

No se trataba de eso; era algo más profundo, muy íntimo, que se fraguaba en un nivel de intensidad hasta entonces desconocido para mí.

Entrevista a Elisabeth Badinter, quien es autora de una veintena de libros. Intelectual controvertida, está a favor de la legalización de la prostitución y de las madres portadoras. Especialista del Siglo de las Luces, enseña filosofía en la Escuela Politécnica de París.

—*En su libro ¿Existe el instinto maternal? Historia del amor maternal, usted se refiere a las burguesas y aristócratas del siglo XVIII que entregaban sus bebés a las nodrizas y se despreocupaban de ellos, hecho que confirmaría su idea de que el instinto maternal no existe. Pero hay otras miradas. La antropóloga estadounidense Sarah B. Hrdy en su libro Madre naturaleza: Los instintos maternales afirma, por el contrario, que la existencia del instinto maternal no es un mito.*

—Jamás afirmé que no hay ningún fundamento biológico en la maternidad pero, contrariamente a lo que dicen los que defienden la existencia de un instinto materno, yo sigo pensando que el inconsciente y la historia personal de cada mujer son factores mucho más determinantes que las hormonas de la maternidad. La teoría de Sarah B. Hrdy indica que en una mujer que viene de dar a luz hay dos hormonas que se ponen en movimiento, la prolactina y la occitocina, y que crean en la madre la necesidad de la lactancia que funda, a su vez, el vínculo entre la madre y el niño. A mí esto me parece muy discutible. Primero, porque todas las mujeres no tienen deseos de dar el pecho. No creo que se pueda asimilar la mujer a un chimpancé. En el siglo XVII, XVIII y parte del XIX en Francia, las mujeres privilegiadas, con todas las condiciones económicas para ocuparse de un niño, preferían deshacerse de ellos entregándolos durante años a una lejana nodriza para poder disfrutar de una vida social y conyugal. ¿Es posible acaso, hablar de un instinto que no se manifiesta durante siglos? Cuando uno cree en el instinto maternal cree en la primacía de la biología por sobre la cultura. Sin embargo, me parece que los comportamientos que observamos, no sólo en la historia sino también a nuestro alrededor, muestran lo contrario.

**FUENTE:** http://edant.revistaenie.clarin.com/notas/2010/04/30/_-02189856.htm, *Revista Ñ*, suplemento cultural de *Clarín*. (Consultado el 18 de septiembre de 2014.)

Ese, mi primer departamento, estaba en un quinto piso en Paseos de Taxqueña, al sur de la Ciudad de México. Cada que tenía que subir la hilera interminable de escaleras con las bolsas del mandado maldecía el hecho de que mi hogar estuviera tan alto; sin embargo, todas las mañanas, al despertar, disfrutaba haber elegido ese lugar para vivir: desde mi ventanal enorme tenía una vista privilegiada. Alcanzaba a ver las azoteas de los otros edificios (con todo y sus jaulas de tendido, y esa intimidad violentada que sólo tiene la ropa recién lavada y puesta a secar al sol, a la vista de todos), las copas de los árboles, a veces verdes, otras amarillentas, otras cargadas de jacarandas violetas; las nubes que viajaban del azul al gris, y los pájaros, casi todos de tonos grises y marrones. Esas aves urbanas que despiertan (y nos despiertan, a quienes tenemos la cada vez más rara fortuna de vivir cerca de los árboles) cante y cante. Algún día averiguaré su nombre.

Tenía 31 años de edad; era más grande que muchas mujeres que se embarazan por primera vez, pero también más joven que muchas otras. Vivía conmigo mi gatita Renata, una felina pequeña, bellísima, en tonos blancos y beiges, con grandes ojos grises y un temperamento un tanto difícil y voluble; pero para hacerle justicia también hay que decir que era cariñosa y le gustaba sentarse en mis piernas mientras yo veía la tele. Le acariciaba el cuello, la panza o la cabeza, y se ponía a ronronear como carro viejo.

De vez en cuando mi novio se quedaba los fines de semana a dormir. Teníamos una relación que no estaba exenta de problemas, aunque con más risas que malas caras.

Así era mi vida: no ganaba poco, y como vivía sola con Renata nunca me quedaba sin dinero antes de que acabara la quincena. Cubría notas y entrevistas a la hora que fuera y salía de viaje sin afectar a nadie. Sólo le pedía a mis papás que de vez en cuando le dieran una vuelta a la gatita para cerciorarse de que no le faltaba agua o comida, y de que su arenero estaba aceptablemente limpio.

\* \* \*

Muchas veces, mientras veía mamás sonrientes con sus bebés hermosos y limpiecitos, pensaba: "¿Qué tan difícil puede ser?", y me preguntaba si yo podría desempeñar ese papel algún día. La verdad es que no me caracteriza la paciencia, y tampoco me gustaban especialmente, en ese entonces, los niños.

Cuidaba a mi Renata, jugaba con ella, y de pronto me sorprendía hablándole como si me pudiera responder. Un día, mientras le acariciaba la panza y ella ronroneaba como de costumbre, sentí que el amor que tenía adentro de mí estaba a punto de desbordarse. No es que Renata, por ser una gatita, no fuera suficiente para depositar todo ese caudal que sentía apoderarse de mí, pero pensaba (ríanse si quieren, se que suena gracioso) que nunca podría compartir con ella un helado, una ida al cine, un viaje a la playa, su fiesta de graduación, el momento en que conociera a la pareja de su vida.

Y a pesar de todo esto, si me lo pregunto ahora no se cómo sucedió. Nunca dejé de tomar mis pastillas anticonceptivas, primero: porque tenderle una trampa al futuro papá de mi bebé para que se quedara conmigo se me hacía de lo más ruin; y segundo: porque aunque ya albergaba esos sentimientos tan intensos que acabo de describir, siempre me ganaba el miedo, la incertidumbre, o simplemente el afán de seguir perteneciendo a un tipo de mujer que yo creía que era el "correcto".

Como dije, nunca antes había pensado ser mamá. Incluso renegaba ante la idea. Me imaginaba, en un futuro, como "la loca de los gatos": exitosa en la profesión que elegí (de muy pequeña quise ser médico, luego escritora, después actriz y finalmente la vida me llevó a donde más feliz he sido: el periodismo) y con la única compañía de dos o hasta tres mininos (todavía no descubría el amor perruno: incondicional y poderoso). Me soñaba viviendo en Europa o Estados Unidos (¡ay!, nuestro malinchismo tan arraigado) y sin tener que rendirle cuentas a nadie.

Junto con mis cinco amigas de la secundaria —a las únicas que puedo seguir llamando así después de casi 30 años— me burlaba de las mujeres que decidían "anularse" profesionalmente para "encerrarse" en casa a criar a sus hijos... Hoy, Sandra, Betty, Jess, Mónica y yo somos mamás, y cuatro somos también profesionistas. Y ninguna se arrepiente de su decisión.

Norma Ferro demuestra que no existe un instinto maternal. Y que la maternidad es una función: el hecho de que el organismo esté preparado para ella no significa que debe ser realizada. (...)

¿De dónde emana, pues, el deseo de ser madre?, ¿es un deseo *natural*? Everingham reconoce que el instinto maternal existe, pero que la función maternal es esencialmente social, que sitúa a la madre en una cultura materna que respalda e influye sobre sus propios juicios. Según Ferro, lo que marca la naturaleza es el deseo. Pero la orientación de ese deseo la marca la cultura, que será la que imponga su ley y de acuerdo a ésta se signifique el deseo. La autora distingue entre el deseo prematernal, actitud relacionada con el deseo de tener hijos, y uno posmaternal, que es aquél que sigue a la concepción y tiene su mayor expresión después de que el niño ha nacido. (...)

La cultura toma un impulso, el sexual, y lo transforma en otro, el maternal. No espera a que aparezca la maternidad biológica, y así se crea el mito de que toda mujer no sólo es madre en potencia, sino que es madre en deseo y necesidad.

La cultura, para esta autora, crea un nuevo tipo de vínculo y un nuevo instinto. Con el hombre, sin embargo, ocurre de otro modo: Ferro se pregunta si existe el instinto paternal.

**FUENTE:** Ana I. Marrades Puig, *Luces y sombras del derecho a la maternidad. Análisis jurídico de su reconocimiento*, Universidad de Valencia, 2002.

Y sí, casi todo 2003 lo pensé, lo deseé. Soñaba con una niña juguetona, traviesa, cariñosa y dulce, pero de carácter fuerte, que aprendiera a defenderse si alguien la molestaba; que conociera muy bien su lugar en este mundo. Con el paso del tiempo he aprendido que los niños no nacen así, encantadores y fuertes como por arte de magia, sino que hay que acompañarlos a forjarse como seres humanos plenos día a día, lo cual no es nada fácil, pero en ese momento todavía era bastante ingenua.

No es un recurso literario decir que dibujé casi a la perfección la imagen de Camila en mi mente y en mi corazón antes de que naciera: la niña que veía en mis sueños era muy parecida a la que llegó al mundo la mañana calurosa del lunes 21 de junio de 2004.

Pero volvamos un poco atrás: en octubre de 2003 el papá de mi bebé (siete años menor) y yo quedamos embarazados.

\* \* \*

Fui al ginecólogo sola. Ya era casi seguro que estaba embarazada, porque la prueba —de esas que se compran en la farmacia— había salido positiva, pero necesitaba una confirmación; algo definitivo.

Aunque ya había comprado mi primer coche (aprendí a manejar también un poco tarde, a los 28 años), todavía me daba miedo llevármelo bajo determinadas condiciones: en la noche o por rutas que no conocía bien, por ejemplo. Así que esa tarde oscura de otoño de 2003 decidí usar el transporte público desde mi departamento en Paseos de Taxqueña hasta el consultorio de mi médico, en el Hospital Ángeles, que también se encuentra al sur de la ciudad. Debo de haber tardado en llegar aproximadamente una hora, porque era necesario transbordar varias veces de un microbús a otro. El caso es que llegué más nerviosa de como había salido de casa, pero puntual a la cita. En cuanto le conté sobre mis sospechas, y antes de ordenarme la prueba de sangre, el ginecólogo Francisco González Partida me dijo, no sin antes mirarme con un gesto travieso:

—Yo creo que ahorita todavía no podemos ver nada, pero sí que podemos escuchar.

Me ordenó que me acostara en su camilla de exploración y que me descubriera el vientre. Colocó una especie de estetoscopio en mi abdomen (todavía no tan abultado, aunque la verdad es que nunca he sido precisamente una "varita de nardo"). Se acercó al aparato que tenía a un lado, y en el cual estaba conectado su instrumento para oír, y subió el volumen.

Lo que escuché nunca lo olvidaré: era un tambor que alguien tocaba a una velocidad inusitada: tum-tum, tum-tum, tum-tum...

—¿Oyes? —me preguntó el doctor González Partida, nuevamente con una sonrisa traviesa.

"¡Wow!", pensé, "esto es increíble". Me sentí feliz, con un cosquilleo incesante en el estómago. Pero de inmediato se impuso mi carácter aprensivo y nervioso:

—¿Por qué tan rápido?, ¿está todo bien? —le pregunté mientras me daba cuenta de que a partir de ese momento empezarían mis mayores alegrías, pero también mis más grandes preocupaciones.

–Claro —contestó de inmediato—. Su corazón late así de rápido porque todavía es muy pequeñito.

Después de felicitarme, me pidió que me hiciera varios exámenes de laboratorio y me recetó hierro y ácido fólico. Me explicó que esto era muy importante para evitar que el bebé naciera con espina bífida o alguna otra malformación. También me dijo que no debía excederme con la comida, que eso de que una embarazada debe de comer "por dos" es un mito que no sirve para nada; que subir de peso de manera excesiva sólo podría traernos problemas al bebé y a mí.

El ácido fólico es una vitamina B. Ayuda al organismo a crear células nuevas. Todas las personas necesitan ácido fólico. Es muy importante para las mujeres en edad fértil. Cuando una mujer tiene suficiente ácido fólico en su cuerpo, antes y durante el embarazo, puede prevenir defectos congénitos importantes en el cerebro y la columna vertebral del bebé.

Entre los alimentos que contienen ácido fólico se encuentran los vegetales de hojas verdes, las frutas, los guisantes secos, los chícharos y las nueces. Los panes enriquecidos, los cereales y otros productos hechos con granos también contienen ácido fólico. Si no obtiene suficiente ácido fólico a través de los alimentos, puede consumirlo como suplemento dietético.

—Es más, si no haces ejercicio, tienes que empezar a hacerlo. Moderadamente, por supuesto, pero es indispensable para oxigenar todo tu cuerpo y asegurarnos de que el bebé tenga un mejor desarrollo.

Yo decía que sí a todo, pero en el fondo creo que no lo escuchaba muy bien; sólo pensaba en el tamborcito que acababa de escuchar: ¡el corazón de mi bebé! Ese primer sonido que me unió irremediable y felizmente a ella. En los días que siguieron, muchas veces tocaba mi vientre con la esperanza de sentir ese latido (ya sabía que sin los instrumentos adecuados no podría oírlo), pero era inútil. Todavía faltaban algunas semanas para poder registrar con claridad algún movimiento.

Salí del hospital con la sensación de que caminaba entre nubes; el cielo ya se había pintado de negro, y no sólo eso: una tormenta inoportuna empapaba gente, autos y edificios sin distinción. "Extraño mes para que llueva", recuerdo que pensé.

Mientras mi cabello y mi ropa escurrían de lluvia, de mis ojos caían lágrimas de nervios, de duda, pero sobre todo de felicidad.

\* \* \*

Al día siguiente le comenté a mi novio que estaba embarazada. Dada la naturaleza siempre demandante de nuestro trabajo (él era asistente de cámara y tenía horarios más pesados que yo) ese día sólo pudimos ir a comer a una fonda de la calle de Atletas, en la colonia Country Club, a donde íbamos con frecuencia porque estaba muy cerca del Canal. Estaba nerviosa; imaginaba que por la diferencia de edades quizá él se pensaría abrumado; tal vez sentiría que todavía le faltaba mucho por vivir.

De todos modos, estaba decidida: iba a tener a ese bebé, así fuera como mamá soltera.

Recuerdo que no despegó la vista de su sopa cuando me dijo:

—Pues lo hacemos. Me voy a vivir contigo.

El padre de mi niña es muy alto, fuerte. En ese entonces llevaba el cabello largo, casi hasta los hombros. De piel muy blanca (que mi Camila heredó, junto con las orejas grandes y el carácter fuerte), se puso del color de la granada fresca, recién abierta.

Fue un día feliz. Quedó escrito en el sol y en el viento que movía levemente las hojas de las plantas y los árboles, en esa colonia tan arbolada.

\* \* \*

El siguiente paso, no se por qué, me tenía más ansiosa: contarles la noticia a mis papás.

Trataré de explicarme: de adolescente, y algunos años después, no fui la hija perfecta. Cuando tenía 22 años me escapé de casa para casarme con el novio que tenía en ese entonces cuando vivía en la ciudad de Querétaro. El matrimonio no duró mucho, sólo un poco más de un año, porque él ya quería tener hijos, y en ese entonces no puedo imaginar nada más lejano de mis deseos y expectativas.

No quiero recordar el dolor que le causé a mis papás con ese hecho, pero quizá de manera muy especial a mi papá, quien por alguna razón siempre vislumbró un futuro brillante para mí. La verdad es que, aunque rebelde y con un temperamento fuerte y un tanto volátil, en la escuela siempre obtuve las calificaciones más altas. Las medallas de "oro" (vil fierro pintado de dorado, aunque lo que importaba era el significado) por aprovechamiento escolar en la primaria siempre fueron para mí. En sexto estuve en la escolta; en secundaria y prepa seguí siendo la primera del grupo. Incluso en la Universidad obtuve la Medalla al Mérito Universitario por tener las calificaciones más altas de mi generación.

Un día, cuando todavía era muy chica (creo que tenía 7 u 8 años), mi papá me dijo que cuando me sintiera muy enojada me encerrara en mi recámara, tomara un libro y me pusiera a leer.

Cada día de mi vida le agradezco ese consejo, como muchos otros que me ha dado. Y hoy, todavía, empleo su técnica; al igual que esa tarde a finales de los años setenta, me funciona muy bien. La diferencia es que actualmente también leo cuando estoy feliz, aburrida, triste, hambrienta, traviesa, incómoda...

Esta pequeña digresión fue para explicar por qué me preocupaba tanto darles la noticia a mis papás: llevaba poco más de un año y medio trabajando en Canal 22, viviendo de manera independiente, y pensé que quizá se sintieran desilusionados si creían que todo se iba ir al garete por un bebé.

Pero ni modo, no podía seguir postergando la decisión de decírselos; pronto me crecería el vientre y no debían enterarse de ese modo. Así que me armé de valor y los invité a tomar un café. Decidí que la reunión no fuera en mi casa ni en la suya, sino en un terreno neutral. Fuimos a un restaurante que estaba dentro de un centro comercial en Coyoacán.

Como me lo esperaba, al principio mi papá no lo tomó tan bien. Me dijo que mi novio era muy joven, que no iba a responder ni económicamente ni de ningún otro modo, y que yo, con el tipo de trabajo que tenía, iba a terminar o dejando el canal o dejándoles a ellos toda la carga del cuidado del bebé.

Además, me recordó que en mi situación de *free-lance* me podían despedir por estar embarazada sin darme ni una explicación. Envalentonada, le repliqué que no, que eso estaba escrito en la ley y que no había manera de que en una televisora del Estado intentaran hacer algo así. (La verdad es que en ese momento ni siquiera me había molestado en revisar la legislación vigente en el Distrito Federal, pero sería lo primero que haría después de esa conversación, me dije.)

Hoy ya sé que según la Ley para Prevenir y Eliminar la Discriminación del Distrito Federal está prohibido discriminar por embarazo, y que el despido se considera un acto discriminatorio.

"Artículo 6. En términos del artículo 5 de esta ley, se considera como conductas discriminatorias:

XXXIII. Condicionar, limitar o restringir las oportunidades de empleo, permanencia o ascenso laborales en razón de: embarazo, discapacidad, edad en los términos de la legislación laboral vigente; por tener la calidad de persona egresada de alguna institución pública o privada de educación; por motivaciones injustificadas de salud y por antecedentes penales".

El 20 de marzo de 2014, en el documento de la Conapred, *Despido por embarazo en la Ciudad de México: una forma de discriminación por género,* la investigadora del Instituto Politécnico Nacional, Jacqueline L'Hoist Tapia, llegó a las conclusiones de que: "1) Las mujeres en la Ciudad de México y las embarazadas en específico se encuentran en una situación de posible vulneración de su derecho al trabajo y derechos humanos laborales, y 2) Dado que el DF es la entidad federativa con mayor porcentaje de mujeres jefas de familia (31.4%), el despido por embarazo puede afectar no sólo a las mujeres despedidas, sino a familias enteras".

Mi papá tenía motivos para estar preocupado.

Mi mamá, a diferencia de él, dijo que me ayudaría con gusto, que el hecho de que un bebé llegara a nuestras vidas era un acontecimiento feliz, pese a las dificultades que, como familia, pudiéramos tener de ahora en adelante.

Tuvieron que pasar algunos meses para que mi papá se convenciera de que todo iba a ir bien, de que ser mamá no me haría descuidar el trabajo que tanto amaba, y que si bien iba a necesitar de su ayuda (de ambos, no sólo de mi mamá), también iba a buscar la manera de hacer lo más posible yo sola, o con el apoyo del futuro padre. Él, siempre comprensivo y generoso, tenía miedo.

Yo, en cambio, estaba absoluta e irresponsablemente feliz.

\*　\*　\*

# Sanjuana Martínez

**Periodista | Madre de dos hijos**

He leído los reportajes y libros de Sanjuana Martínez desde hace varios años, pero no fue sino hasta 2006, cuando la entrevisté por su libro *Sí se puede,* sobre el movimiento ciudadano chicano en Los Ángeles, cuando la conocí en persona.

Le hice esta entrevista el 5 de junio de 2014 en la Ciudad de México, cuando acudió a marchar al lado de las madres y los padres de la Guardería ABC, en el quinto aniversario de la tragedia que terminó con la vida de 49 niños en Hermosillo, Sonora.

Cuando uno decide ser madre, decide su futuro profesional. Yo iba a ser corresponsal de guerra, me iba a quedar como tal, cubriendo conflictos internacionales. Tenía buenas ofertas de medios internacionales. Cuando decidí ser madre, decidí mi futuro profesional. Dije: "me voy a dedicar al periodismo que más me gusta, que es el periodismo social, por mis hijos". Y decidí volver a México después de 20 años de estar fuera. Precisamente porque quiero dejarles un mejor país a mis hijos.

Entonces, una va, en la crianza, dándole a entender a tus hijos lo que tú eres, compartiendo con ellos, haciéndolos partícipes. Mi hija carga la cámara, mi hijo me carga los cuadernos; vamos y cubrimos, por ejemplo, la tragedia del huracán Álex. Ellos ven lo que provoca un fenómeno natural. O vamos y cubrimos eventos que tienen que ver con injusticias graves.

Cuando me ven transcribir las entrevistas y me ven llorar, porque esto también es llorar, acompañar a las víctimas, hacerte con el dolor de las víctimas para acompañarlas realmente, me dicen: "mami, ¿otro reportaje triste?"; y yo: "sí, mi amor. Otro reportaje triste".

## Embarazo... ¿el "estado ideal"?

Así pues, siendo ambigua la significación del embarazo, es natural que la actitud de la mujer sea ambivalente: por lo demás, ella se modifica en los diversos estadios de la evolución del feto. Preciso es señalar, en primer lugar, que al principio del proceso el niño no está presente; todavía no tiene más que una existencia imaginaria; la madre puede soñar con ese pequeño individuo que nacerá dentro de unos meses, afanarse en prepararle una cuna, una canastilla: no capta concretamente sino los confusos fenómenos orgánicos que se desarrollan en su seno. (...) Se detienen sus reglas, engorda, sus senos se hacen pesados y le duelen, experimenta vértigos, náuseas; a veces se cree simplemente enferma, y es un médico quien le informa de su estado. Entonces, ella sabe que su cuerpo ha recibido un destino que la trasciende.

**Simone de Beauvoir, *El segundo sexo.***

**M**ientras avanzaba mi embarazo, seguí trabajando al mismo ritmo que antes. Como tenía miedo de que me despidieran por esta razón (mi papá había logrado sembrar la duda en mí), al principio usaba vestidos amplios o pantalones grandes y blusas holgadas. El asunto de los brassieres fue otra cosa: rápidamente tuve que renovar esa parte de mi guardarropa porque los que tenía ya no me quedaban nada bien. Habrá a quienes esto de que los senos crezcan tanto quizá pueda parecerles muy sexy, pero la verdad es que no saben qué incómodo es y cómo duele.

En fin, que pensé que probablemente la gente creería que estaba reteniendo líquidos, o de plano, engordando (mejor gorda que sin trabajo, pensaba).

El primer trimestre del embarazo, cuando todo el mundo dice que hay que tener más cuidado, me lo pasé bastante tranquila. Obviamente dejé de usar tacones, pues me habían advertido que una caída podría ser fatal para el bebé; fuera de eso y de un poco de náuseas que aprendí a quitarme masticando magnesia (en forma de cubos que vendían en las farmacias y que sabían a gis), todo lo demás estuvo en orden.

Además, desde el principio *supe* que era una niña. Aún en esa etapa, en la que los ultrasonidos más sofisticados no pueden saber el sexo del bebé, yo estaba segura de que ese ser pequeñito que cargaba dentro de mí, y que todavía no hacía "bulto", era una mujercita. Y así empecé a llamarla Camila.

El ultrasonido o ecografía, ya sea en 3D o 4D, es un método de diagnóstico que utiliza ondas sonoras de alta frecuencia para la formación de imágenes de los distintos órganos y tejidos corporales.

Cuando el haz de sonido atraviesa el cuerpo humano, genera una interfase entre los tejidos de diferentes densidades, parte de esa energía es reflejada y parte es transmitida. Las ondas reflejadas son detectadas por la sonda o traductor, y la energía transmitida proporciona una imagen del objeto explorado.

Es un estudio simple, rápido y con un alto índice de certeza diagnóstica que no condiciona ningún riesgo en el embarazo y cuando hay duda, se complementa con otras técnicas de imagen como radiología, tomografía computada o resonancia magnética.

La ecografía 4D representa la imagen en movimiento combinada con la reconstrucción volumétrica; es decir, superficie de las estructuras. Mientras que la tecnología 3D, es una reconstrucción de la imagen a través de la computadora de manera estática.

Son múltiples los beneficios que brinda el someterse a este procedimiento. Por ejemplo, en ginecología determina la medida exacta del volumen de la hiperplasia (endometrial), los quistes, pólipos, miomas o fibro-

> mas, así como llevar un control ginecológico del tumor después del tratamiento o quimioterapia y evaluar los tubos de falopio pudiendo confirmar o no, esterilidad por esta causa.
>
> **FUENTE:** http://www.medicasur.com.mx/es_mx/ms/ma_sal_em_radima_ultrasonido_3d_4d

Medio en broma, medio en serio, tanto el padre de mi niña como mis papás me preguntaban por qué estaba tan segura y qué iba a hacer si el bebé era niño.

—Es niña —les contestaba—. Estoy segura —y con eso terminaba cualquier intento de refutación.

\* \* \*

Durante los primeros tres meses fue relativamente fácil ocultar el embarazo, hasta que un día me mandaron a un viaje de trabajo al que invitaba la Marina Armada de México. Se trataba de que periodistas de distintos medios —Canal Once, Televisa, Tv Azteca y por supuesto Canal 22— conociéramos el trabajo de rescate y conservación de especies en peligro de extinción que la Secretaría de Marina estaba haciendo en Isla Socorro, la cual, junto con Clarión, San Benedicto y Roca Partida, forma parte del Archipiélago de Revillagigedo, el lugar más remoto del territorio nacional.

Isla Socorro fue declarada Área Natural Protegida en 1994, dada su gran riqueza de flora y fauna; por ello a la Marina le interesaba que se difundiera el trabajo realizado para proteger este tesoro del Pacífico mexicano.

Era un viaje pesado, pues había que volar a Manzanillo, Colima, y de ahí navegar 5 mil 790 kilómetros hasta nuestro destino final. Pero dado que yo no quería decirle a mi jefe que estaba embarazada, no tenía argumento alguno para negarme a ir. Recuerdo que mis papás se quedaron preocupados, pero insistí en que todo iba a estar bien. (Por supuesto que no les conté los detalles del viaje.)

Una mañana de principios de febrero, en el aeropuerto de la Ciudad de México, los marinos nos dieron la bienvenida a un avión militar. Pequeña, incómoda, y toda pintada de gris, la aeronave parecía vieja aunque segura. Cuando Ramón —el camarógrafo—, Enrique —el asistente— y yo subimos con todo nuestro equipo (que era bastante) y equipaje, los reporteros y camarógrafos de los otros medios ya estaban dentro del avión. En ese momento me di cuenta de que era la única mujer. "Esto me conviene", pensé. No habría nadie con un sexto sentido (si eso de verdad existe) que adivinara que estaba embarazada.

Después de quizá un par de horas en el aire, bastante más ajetreadas que en los vuelos comerciales, llegamos al puerto de Manzanillo. De ese hecho han pasado diez años, y algunos detalles se escapan al recuerdo, pero lo que no se me olvida es que de inmediato abordamos un barco de la Marina que nos llevaría a nuestro destino: Isla Socorro.

Ahí empezó lo bueno: aunque me tocó el único camarote decente (además del que ocupaba el capitán, que por supuesto era el más grande), tuve que compartirlo con otra mujer, una oficial amable, de voz dulce y ojos grandes. A pesar de que era pequeña la estancia, la verdad es que estaba en la gloria en comparación con mis compañeros, que por su género estaban todos hacinados en literas minúsculas formadas en hilera en un galerón enorme, con los demás marinos.

Más allá de la amabilidad de mi anfitriona, los tres días de navegación fueron una verdadera pesadilla: si antes sólo había tenido náuseas y mareos leves, el movimiento del barco no hizo más que aumentarlos. Comía y no podía retener nada, todo lo vomitaba unos minutos después. Casi todo el trayecto me lo pasé acostada en la minúscula litera del camarote.

Por supuesto, ella no tardó en darse cuenta de mi estado. Una noche, en que me sentía muy mareada y no podía ni levantarme de la litera, de pronto dejó caer de sopetón:

—Estás embarazada, ¿verdad?

Intenté mantener mi secreto y me apuré a contestarle que no, que simplemente tenía la presión muy baja. Sé que no la engañé porque todavía recuerdo la mirada llena de ternura que me lanzó. Ojalá me acordara de su nombre. Fue muy amable, como una madre protectora. Quizá porque siempre he sido "traga-años", y habrá pensado que era mucho más joven de lo que en realidad era.

Un colega de Canal 11 se la pasó tan mal como yo porque tampoco podía retener el mínimo alimento. Eso sí, seguro que no estaba en "estado feliz" y, a diferencia de mí, él sí podía tomar *Dramamine* para el mareo y las náuseas.

Por fin llegamos a Isla Socorro. No exagero cuando digo que ese lugar es un verdadero paraíso: el mar, de un azul turquesa como sólo había visto en el Caribe, casi se confunde en el horizonte con los diversos tonos de verde de la vegetación que cubre toda la isla.

Ahora lo describo así porque con esa intensidad regresan los recuerdos, pero la verdad es que en ese momento las náuseas, el dolor de cabeza, el mareo y el calor no me dejaban apreciar toda esa belleza. Mi cuerpo estallaba por dentro, y sólo podía pensar en que no debía tomar nada que pusiera en riesgo a mi bebé.

En Isla Socorro hay una base naval en donde los marinos viven durante lapsos de 20 días. Terminado este periodo, llega otro grupo a relevarlos, y así sucesivamente. No hay población civil. Así que la única clínica es la que atienden, por supuesto, médicos de la

Armada. Ahí, a un pequeño consultorio, muy limpio, y con una camilla cubierta de una tela verde, me llevaron mis compañeros Ramón y Enrique porque les dije que quizá se me había bajado la presión debido a las altas temperaturas que se sienten en la isla.

El doctor, un joven muy amable, se apresuró a tomarme la presión. Después de comprobar que la tenía muy baja (toda mi vida adulta he padecido de lo mismo) me dio una pastilla (no se de qué) para estabilizarme. Ahí sí que reclamé. Tardó más en ponérmela en la mano que yo en decirle que definitivamente no iba a tomarla. Me miró de una manera que todavía recuerdo, como pensando "ésta debe estar loca", y yo me cercioré de que mis compañeros ya no estaban ahí antes de decirle, en voz muy baja: "estoy embarazada".

Todo su semblante se transformó. Quiero pensar que quizá se acordó de su familia, de su hogar (a tres días de distancia por mar), y sonrió. Me dijo que entonces sólo tomara jugo de naranja y me quedara un rato acostada en la camilla con las piernas ligeramente levantadas.

No sé cuánto tiempo estuve así, mientras Ramón y Enrique grababan diversas imágenes de la isla, junto con los camarógrafos y reporteros de Canal 11, Azteca y Televisa. Poco a poco se estabilizó mi presión y con ello se desvaneció todo lo demás: la náusea, el mareo y el dolor de cabeza.

Es poco lo que recuerdo de ese viaje después de eso; sólo que los colegas regresaron muy contentos de grabar las bellezas de la isla, y de que después los marinos nos agasajaron con un verdadero manjar: bufete de mariscos, vino blanco y cervezas. No comí mucho ni tomé alcohol porque no quería volver a sentirme mal; pero sí me la pasé muy bien. La convivencia con los compañeros periodistas es estimulante y relajante en esos viajes de trabajo tan pesados: se intercambian anécdotas y experiencias, así como buenas bromas.

El viaje de regreso fue mucho menos pesado que el de ida. Llevaba tatuados en la memoria esos escenarios y la hospitalidad de los marinos, quienes, a pesar de estar tanto tiempo separados de sus familias, nos habían recibido con buen ánimo y una gran generosidad. Además, sentía una gran satisfacción porque, aunque la pasé tan mal al principio, había logrado cumplir con mi trabajo de la mejor manera.

Y Camila me acompañaba entonces a trabajar, como lo haría en los años siguientes, ya afuera de mi cuerpo.

\* \* \*

Cada mes, rigurosamente, me hacía un ultrasonido. Acudíamos a esta cita con la impaciencia de saber, en primer lugar, que todo estaba bien con nuestro bebé, y en segundo si ya se podía saber su sexo. Yo, como ya dije, estaba segura de que dentro de mí crecía una mujercita, incluso todo el tiempo me dirigía a ella de ese modo: "vámonos a trabajar, mi niña", o "¿tienes hambre, chiquita?"; incluso cuando iba manejando, con el cinturón de seguridad cruzado por encima del vientre le preguntaba: "¿no te aprieta, bonita?"

Creo que el papá de Cami y el mío esperaban que fuera un niño. Como mi papá había tenido dos hijas, es probable que se hubiera quedado con ganas de un varón que lo acompañara a ver sus partidos de futbol, por ejemplo. Ni mi mamá, ni mi hermana ni yo salimos *pamboleras*, y ese hombre generoso, bueno y siempre alegre disfrutaba de sus partidos con la única compañía de unos cacahuates, unas nueces de la India y uno que otro tequila.

Cuando hice la cita para el siguiente ultrasonido, el doctor me dijo que era muy probable que ya se pudiera ver el sexo del bebé; por ello acudimos como una banda alegre y expectante al consultorio. Mis papás, mi hermana, el papá de Cami y por supuesto yo, acostada en la camilla de exploración y torciendo el cuello para ver la pantalla en la que se proyectaba la imagen borrosa de mi niña, esperábamos impacientes mientras el doctor giraba el lector del aparato sobre mi vientre brilloso por el gel.

—¿Quieren adivinar? —preguntó, despúes de lo que parecía una eternidad, el doctor.

El papá de mi bebé y el mío se apresuraron a responder:

—Niño.

Mi mamá replicó:

—Niña.

Y Vale, mi hermana, terció:

—Niño.

Yo me quedé callada. Estaba demasiado nerviosa como para poder hablar. La seguridad que había tenido hasta entonces de que mi bebé era una niña se esfumó en ese momento. Dudé. El doctor me miró y sonrió. Entonces, antes de que lo dijera, volví a saberlo:

—Es niña.

Creo que mi mamá y yo nos aguantamos las ganas de gritar de emoción, sólo porque estábamos en el consultorio y nos dio un poco de pena.

Vale, mi papá y el de Cami (ya no me acuerdo si fue en ese orden, ¡pero qué importa ahora!) también sonrieron y me felicitaron. Medio en broma, medio en serio, le dije al papá de mi niña que de qué me felicitaba si se sabe que el sexo de un bebé lo determina el padre y no la madre; que al contrario: yo le agradecía el haberme dado una niña.

Ese día, Vale me regaló una macetita con una planta muy hermosa: un *árbol de la abundancia*. No soy supersticiosa, pero unos tres o cuatro años después, cuando el papá de mi niña, ella y yo pasamos por una fuerte crisis económica y de familia, se le cayeron todas las hojas y casi se secó por completo. Intermitentemente, algunas ramas volvían a reverdecer, pero en general parecía que mi planta iba a morir. Sin embargo, seis años más tarde renace con timidez pero decididamente, en una maceta mucho más grande y al lado de una ventana amplia, por donde le da el sol la mayor parte del año.

Hasta ahora es aceptado que, en los seres humanos, la determinación del sexo es cromosómica, ya que depende de los heterocromosomas o cromosomas sexuales. Las personas tenemos en nuestras células 46 cromosomas, 44 autosomas y 2 heterosomas. Las mujeres son XX y los hombres XY. Si existiera alguna alteración en los heterosomas, daría pie a los siguientes síndromes:

- **El síndrome Turner** es una enfermedad genética caracterizada por la presencia de un solo cromosoma X. La ausencia de cromosoma Y determina el sexo femenino de todos los individuos afectados, y la ausencia del segundo cromosoma X determina la falta de desarrollo de los caracteres sexuales primarios y secundarios. Esto confiere a que las mujeres que padecen el síndrome de Turner un aspecto infantil e infertilidad de por vida.
- **El síndrome de Klinefelter** es una alteración genética que se caracteriza por presentar un cromosoma X extra y sólo se produce en los hombres: XXY. Los síntomas son: Proporciones corporales anormales (piernas largas, tronco corto, hombro igual al tamaño de la cadera), agrandamiento anormal de las mamas (ginecomastia), infertilidad, problemas sexuales, vello púbico, axilar y facial menor a la cantidad normal, testículos pequeños y firmes y estatura alta.

- **El síndrome del triple X** no provoca casi ninguna complicación en los recién nacidos. Las mujeres que lo padecen son altas, poseen una inteligencia normal y son fértiles. Pueden padecer algunos trastornos de aprendizaje.
- **El síndrome del duplo Y** es un trastorno genético de los cromosomas sexuales donde el hombre recibe un cromosoma Y extra, produciendo el cariotipo XYY. Algunos médicos cuestionan si el uso del término «síndrome» para ésta anomalía, porque el fenotipo es normal, ya que la mayoría de hombres con XYY no conocen su cariotipo.

**FUENTE:** http://biologiaygeologia4eso.wordpress.com/2011/06/05/la-determinacion-del-sexo-en-la-especie-humana/

\* \* \*

Una o dos semanas después de que el ultrasonido nos confirmara lo que yo sabía desde el principio, un día de trabajo como cualquier otro en el Canal, mi jefe inmediato, Juan Jacinto Silva Ibarra, se acercó y sin más ni más me dijo:

—¿Cómo estás, Irma?, ¿cómo va ese embarazo?.

Su voz era tan amable que sentí un alivio inmediato; ya no tenía que ocultar ante nadie que estaba esperando a mi bebé.

—Muy bien —le contesté—. Gracias.

—Ya sabes que aquí estoy para lo que necesites —y se alejó con una sonrisa. Y lo cumplió. Desde ese momento y hasta el día de hoy, cuando Cami ya tiene 10 años, siempre que he necesitado faltar o llegar más tarde al Canal por algún asunto relacionado con ella, me ha dado permiso. En gran parte sigo trabajando ahí gracias a él.

A partir de ese momento mi angustia desapareció y me dediqué a disfrutar de mi embarazo al mismo tiempo que del trabajo. Por supuesto que me cansaba mucho más; incluso recuerdo que en ocasiones me quedaba dormida en las conferencias de prensa, por muy interesantes que estuvieran. Mientras Camila crecía en mi vientre, más sueño me daba. Era como si me estuviera previniendo para todas las noches de insomnio que se vendrían después.

También me resultaba pesado caminar o permanecer mucho tiempo de pie. Los pies y las piernas se me hinchaban y, por consiguiente, me dolían. Intentaba tomar mucha agua e ingerir poca sal, además de levantar las piernas un par de veces al día, pero el alivio era pasajero, así que al día siguiente había que repetir la rutina.

Fue época de grandes transiciones, como todos los embarazos, supongo. Para empezar, el papá de Cami se mudó conmigo. Él tenía 24 años y toda la intención de asumir su responsabilidad como padre de un bebé. Aunque la convivencia entre dos adultos, sea cual sea su relación, siempre es complicada, tratamos de llevarnos lo mejor posible. El padre de Cami intentaba iniciar una carrera en la música y tocaba bastante bien el bajo eléctrico. Todos los viernes por la noche se iba a tocar con sus amigos, y yo me quedaba sola en el departamento, con mi bebé creciendo en el vientre y mi gatita Renata. Disfrutaba también esos momentos de soledad, aunque no dejaba de sentirme un poco abandonada. Supongo que se debe a que durante el embarazo aumenta la producción de hormonas, y esto por supuesto afectaba mi estado de ánimo.

En cuanto a los famosos antojos, tuvo la suerte de que los míos fueran bastante *light*: zanahorias, jícamas y pepinos con limón y una pizca de sal. Casi nada más se me antojaba, o no al menos con la misma urgencia que estas verduras. Procuraba tener el refrigerador bien surtido con todas las variedades lavadas y peladas. Así, si me daban ganas de comerlas en la noche, sólo me levantaba de la cama, ponía algunas en un plato, les añadía sal y limón, y listo.

Otro gran cambio en mi vida fue que dejé de fumar. La advertencia del doctor González Partida fue clara: "el riesgo no se limita al bajo peso de la bebé, sino también a problemas pulmonares y eventual daño cerebral por falta de oxígeno". No me lo dijo dos veces. Al día siguiente ya no fumé más. Nunca pensé que fuera tan fácil dejarlo. Si bien en esa época ya no fumaba tanto como al inicio de mis veintes, sí disfrutaba de un cigarro después de comer, y dependiendo de cuánta actividad tuviera por la tarde, otros tres o cuatro. Pero cuando el ginecólogo me hizo tales advertencias, el vicio simplemente se fue volando con las *donitas* que me gustaba intentar con el humo.

Pero no todos los ajustes que tuve que hacer en mi vida fueron así de sencillos: también hubo uno muy doloroso: mi Renata se tuvo que ir a otro hogar. El doctor me advirtió de los peligros de que el *toxoplasma gondii*, un parásito que se encuentra en los gatos, infectara de alguna manera a mi bebé.

Según el Centro Médico de la Universidad de Maryland, a las mujeres embarazadas se les aconseja no limpiar las cajas de arena para gatos y evitar tener gatos enfermos, por el riesgo que representan para contraer toxoplasmosis. Es posible que una mujer que se infecte mientras esté embarazada ni siquiera se dé cuenta que presenta esta enfermedad, pero tiene un 50 % de probabilidades de transmitirle la infección a su hijo. Durante el primer trimestre, un bebé tiene un 17 % de probabilidades de contraer toxoplasmosis de una madre infectada. Según estimaciones que oscilan de 1 entre 1 000, a 1 entre 8 000 nacimientos por año en Estados Unidos, los bebés que nacen con la enfermedad pueden tener consecuencias como ceguera, hidrocefalia, ictericia, lesiones en los ojos y problemas neurológicos.

Recuerdo cómo lloraba mientras el papá de mi bebé recogía las cosas de mi gatita (su caja de arena, sus platos de croquetas y agua, su cama, su cobija) y la perseguía por todo el departamento para meterla en su caja transportadora. Renata corría y se escondía debajo de los pocos muebles que teníamos, como si algo presintiera.

Gerardo, un amigo del papá de mi niña, había aceptado adoptarla, y yo sabía que estaría bien cuidada y sería muy querida, pero en el fondo sentía que la había traicionado. Aunque al nivel de la conciencia estaba segura de que esto era lo mejor que podía hacer por la salud de mi bebé, en el inconsciente la culpa no me dejaba en paz. Todavía algunos meses después de que se fue lloraba al recordarla, y hoy en día conservo su foto y se la enseño a Cami, que ya sabe toda la historia y me agradece haber renunciado a la hermosa Renata por ella.

\* \* \*

El siguiente viaje de trabajo durante mi embarazo fue a un lugar mucho más cercano: Papantla, Veracruz. Pero no por eso fue menos cansado.

Cada año, un par de días antes del equinoccio de primavera, se celebra Cumbre Tajín, un festival de música, gastronomía y otras actividades que tiene como objetivo festejar la llegada de la estación en que todo florece. En esta región del país, en esa época, el calor es insoportable. Y más aún si tienes el vientre respetablemente voluminoso y los pies y piernas se te ponen del tamaño de las de un elefante.

Además del calor, el dolor de cabeza, la presión baja y la sensación de andar pegajosa todo el día, poco recuerdo de ese viaje. Quizá lo que quedó grabado con más fuerza en mi memoria fue subirme a una lancha con todo y mi panza de cinco o seis meses para grabar un stand (presentación a cuadro de uno de los reportajes que había hecho ahí), y sentir que estaba a punto de caerme al agua (que por cierto no se veía nada limpia) cuando el camarógrafo se subió al otro extremo para grabar.

Por supuesto que no pasó nada (de otro modo no estaría aquí contándolo), pero el episodio me sirvió para darme cuenta de que no podía arriesgar así a mi bebé. De ahora en adelante tendría mucho más cuidado.

\* \* \*

Como avanzó el embarazo, mi jefe, Juan Jacinto, me permitió trabajar solamente por las mañanas. Los reporteros no tenemos horarios fijos, y a veces nos toca cubrir notas por las tardes o incluso por las noches. Le agradecí ese gesto con todo el corazón, porque, como he dicho antes, cada vez me daba más y más sueño. Pero trataba de pensar en las miles de mujeres en situaciones laborales mucho más difíciles que la mía, y entonces me mostraba agradecida con la vida y las circunstancias que me había tocado vivir.

En general me sentía muy bien; no subí mucho de peso, pero me cansaba cada vez más subir los cinco pisos del edificio en el que vivíamos en Paseos de Taxqueña.

Se lo comenté al padre de mi hija y ambos empezamos a buscar otro lugar para mudarnos pronto. Terminaba un ciclo muy importante en mi vida: el de la independencia y la "libertad". Sin embargo, estaba muy emocionada por lo que seguiría: la construcción de nuestro hogar, en el que unos meses después recibiríamos a nuestra hija.

La búsqueda dio frutos rápidamente: encontramos un departamento amplio, cerca de donde vivíamos, cuya renta era mucho más barata y un piso más abajo. Pero había un detalle que le preocupaba al papá de mi bebé: estaba en un edificio al lado de donde vivían mis papás. Aunque ambos habían sido muy discretos, supongo que él temía que teniéndonos tan cerca se convertirían en los típicos suegros entrometidos. Yo sabía que eso no sucedería, y estaba muy contenta con la posibilidad de vivir al lado de ellos. Además, la idea de que mi mamá me pudiera acompañar en el embarazo me quitaba mucha ansiedad. ¿Quién mejor que ella para guiarme por esas últimas semanas y ayudarme a lidiar con las cosas prácticas que ya de entrada me angustiaban, como tener que bañar a mi bebé recién nacida con el miedo enorme de que se me resbalara y se lastimara?

Con estos argumentos logré convencer al papá de mi bebé, a quien además le tranquilizó pensar que podía seguir yendo a sus tocadas de los viernes sabiendo que mis papás estaban a unos cuantos pasos de nosotros, por si se presentaba alguna emergencia conmigo y con la bebé.

Así sucedió la última transición importante en mi vida antes del nacimiento de Camila: nos cambiamos a este departamento, en una zona más modesta que donde vivíamos, pero con un nivel menos de escaleras que subir, y con mis padres adorados a un lado.

Sólo faltaba que llegara Camila para completar mi felicidad.

# Eugenia León
## Cantante | Madre de un hijo

Entrevisté a Eugenia León una mañana soleada, después de una conferencia de prensa en la que anunció su participación en un programa de Conaculta para reconstruir el tejido social por medio del arte y la cultura en el estado de Michoacán. Eugenia iba a cantar en el municipio de Lázaro Cárdenas, así que la conversación inició por ese tema, para después derivar en la maternidad.

Terminando la entrevista, le pregunté que si estaba de acuerdo en que usara esta última parte en un libro que estaba escribiendo sobre ser mamá y trabajar, y con su voz dulce y su sonrisa amable, me dijo inmediatamente: "Claro que sí. Por supuesto".

Yo creo que para ninguna mujer, como para ningún hombre en este país, ha de ser fácil la vida. Más bien puedo decir que he sido una mujer muy privilegiada porque he tenido la oportunidad de que alguien me cuide a mi muchacho. Que a veces, cuando estaba muy chiquito, me lo llevaba y el ingeniero de sonido me ayudaba con el *bambinetto*.

Ya cuando no me lo podía llevar, pues una prima, o una de las personas que yo contrataba, me ayudaban. A veces tienes suerte, a veces no, de que te encuentres personas buenas, pero hay gente que ni siquiera tiene eso; que encierran a los hijos en la casa y a ver qué pasa. Me parece una tragedia.

Si a mí todavía me puede doler en el alma haber dejado a veces a mi hijo llorando en los brazos de otra persona, y decir "es que tengo que tomar el avión. Me tengo que ir".

Pero es lo que hay. No son las condiciones del trabajo lo que nos tiene que desgarrar, es que cuando yo llegue la calidad de mi relación con mi hijo sea diferente. Entonces si yo llego y además no lo pelo, no le hago caso, y nada más llego a regañar o a echar bronca, entonces así vivas todo el día en tu casa la relación va a ser mala.

Un poco lo que yo hacía era decirle: "Vámonos a la exposición". Y si me decía: "Es que no le entiendo", le contestaba: "Le vas a entender". Llevarlo a los conciertos, llevarlo a las exposiciones de pintura.

Ser papá o mamá no se enseña solo; se aprende con lo que tú viviste de niño. Pero no todas las cosas que viviste estuvieron bien. Entonces tienes que rehacer mucho tu relación con tus hijos.

**3**

## Lo más importante en mi vida... ¿y ahora cómo le hago?

With arms wide open
Under the sunlight
Welcome to this place
I'll show you everything
With arms wide open
Now everything has changed
I'll show you love
I'll show you everything

**With arms wide open. Creed**

Casi todos los años llueve el 21 de junio. Es el final de la primavera, y a los días de calor excesivo se suceden los de tormentas torrenciales, y la Ciudad de México suele inundarse en varios puntos; ya es común que algunos vehículos se queden atorados en los pasos a desnivel.

El sábado 19 de 2004 llovió. Ese día trabajé hasta las 9 de la noche, porque a pesar de estar en la etapa casi final del embarazo, me tocó realizar guardia en el Canal. Cuando llegué a casa, me sentí más cansada de lo usual, y además Cami se movía cada vez más dentro de mí.

El día siguiente, mi único día libre de esa semana, el papá de mi niña y yo fuimos al cine, pero ni siquiera pude terminar de ver la película. Mi vientre era del tamaño de un globo terráqueo; no aguantaba estar sentada en la butaca del cine, así que le pedí al padre de mi niña que nos fuéramos de ahí. Ni siquiera recuerdo qué película estábamos viendo.

Casi todos los años llueve el 21 de junio, excepto en el año de 2004. Ese día hizo calor, y mucho.

Durante el embarazo, la relación con el cuerpo cambia por completo. Nunca antes estuve tan consciente de lo capaz para transformarse que es ese "hogar" en el que he habitado toda la vida, si se vale usar esta metáfora. El 21 de junio de 2004 averiguaría hasta dónde llegaba mi umbral del dolor y cómo se convertía en una maquinaria perfecta al servicio de mi niña.

A las cinco de la mañana de ese lunes, cuando el cielo todavía estaba de un azul muy oscuro, le llamé al doctor González Partida para decirle que mis contracciones eran cada vez más frecuentes y que estaba expulsando un líquido rosa transparente a gotas. El padre de mi niña me pedía que me calmara, que de seguro no era nada, porque la fecha que nos habían dado para el nacimiento de Cami era el 12 de julio, o sea, 21 días después.

> La contracción uterina va acompañada por una fase de relajación, y se siente como un endurecimiento del abdomen. Representa el motor del parto. Hay dos tipos de contracciones:
>
> - **De parto.** Se presentan con una frecuencia rítmica de alrededor de 3 contracciones cada 10 minutos, y una intensidad importante que se manifiesta por dureza abdominal y dolor fuerte en la zona suprapúbica, que a veces irradia hasta la zona lumbar. Este ritmo e intensidad se mantienen durante horas.
> - **De Braxton Hicks.** Son contracciones fisiológicas, no dolorosas, a pesar de que a veces pueden resultar molestas y no rítmicas. Aparecen a partir de la vigésima a la trigésima semana de gestación y aumentan en frecuencia e intensidad a medida que se acerca la fecha probable de parto, por lo que pueden ocasionar el *falso* trabajo de parto. Su objetivo es formar el seg-

mento inferior del útero y madurar el cuello de éste para facilitar la dilatación en el trabajo activo de parto. Comienzan a sentirse a partir de la semana 30, aunque están presentes un poco antes y permanecen hasta el final del embarazo. Cada contracción dura alrededor de 30 segundos y su frecuencia es variable, pero es normal que se presenten cada 2 o 3 minutos, o de 2 a 3 contracciones durante una hora.

La diferencia entre unas y otras es que las de parto mantienen un ritmo constante durante mucho tiempo.

**FUENTE:** http://www.cun.es/chequeos-salud/embarazo/contracciones-embarazo.

El ginecólogo me indicó que fuera inmediatamente al hospital, que él nos alcanzaba en un par de horas.

Al llegar, de inmediato me pasaron a exploración. Me dijeron que casi no había dilatado nada, pero que si el doctor había indicado que ya me admitieran, lo harían.

Después de asignarnos la habitación, me pidieron que no me acostara, que caminara lo más que pudiera para que la bebé se acomodara más rápido en el canal de parto.

Las contracciones empezaban a ser más frecuentes y dolorosas. Con cada una sentía que mi cuerpo se partía en dos. Recuerdo que llegaron mis papás, emocionados y nerviosos, a esperar al doctor en mi habitación. El padre de mi bebé mantenía al tanto a su mamá por medio del celular. Yo trataba de obedecer las indicaciones: respirar profundo y caminar, pero el dolor aumentaba y casi no me daba tregua. El líquido rosa seguía saliendo gota a gota de mi cuerpo.

Serían cerca de las 9 de la mañana cuando llegó el doctor, y luego de revisarme, me comentó que seguía sin dilatar lo suficiente, y que él sugería que me ingresaran al quirófano lo más pronto posible porque el saco amniótico de Cami tenía una pequeña perforación (de la cual brotaba el líquido rosa) y esto la ponía en riesgo de contraer una infección.

No tuvo que decirme más: le pedí que me operara ya, que no quería que mi niña viviera un momento más esa situación de riesgo. De todos modos, durante todo el embarazo estuve convencida de que quería cesárea, porque pensaba que no iba a ser capaz de aguantar un parto natural.

Me cuesta trabajo recordar los detalles de lo que siguió después, excepto el dolor, que no me dejaba en paz. Lo que difícilmente olvidaré fue que, después de que me aplicaran la epidural, empecé a sentirme muy mareada, hasta que finalmente vomité. No sé por qué, pero fue necesario que la aplicaran otra vez, y ya me sentí mucho mejor.

Después de eso, sólo recuerdo que el doctor dijo: "ya está aquí" o algo así, y que Camila no lloró de inmediato. No sé cuánto tiempo tardó en ocurrir eso, pero a mí me pareció una eternidad. Lo primero que le pregunté al padre de mi niña fue: "¿está todo bien?", y después de que él me dijera que sí, y escuchara, entonces sí, llorar a mi bebé, le pregunté: "¿y sí es Camila o es Camilo?"; "sí, es Camila", respondió con una sonrisa como pocas veces le he visto.

Después de limpiarla un poco y envolverla en una manta blanca, me la acercaron para que la conociera. A partir de ese momento, y durante los primeros cuatro años de vida, a Camila la atendió el médico Carlos Abaunza, un pediatra joven y muy amable que la recibió y se encargó de medir su índice Apgar, que fue de 9 y luego de 10, aunque después supe que es muy difícil obtener un puntaje de 10.

El índice de Apgar es una prueba de detección para evaluar rápidamente la salud del bebé al primer minuto y luego a los cinco minutos de su nacimiento. En el primer minuto mide qué tan bien toleró el recién nacido el proceso del nacimiento. El que se toma a los 5 minutos evalúa qué tan bien se está adaptando al ambiente. Toma su nombre de la Dra. Virginia Apgar (1909-1974), quien empezó a utilizarlo en 1952.

**¿Qué mide el índice Apgar?**

1. Frecuencia cardíaca:
   a. Palpitaciones cardíacas de menos de 60 = 0
   b. Palpitaciones cardíacas lentas
   (60-100 latidos por minuto) = 1
   c. Palpitaciones cardíacas adecuadas
   (más de 100 latidos por minuto) = 2
2. Respiración:
   a. No respira = 0
   b. Llanto débil, respiración irregular = 1
   c. Llanto fuerte = 2
3. Tono muscular:
   a. Flojo, flácido = 0
   b. Algo de flexibilidad o flexión = 1
   c. Movimiento activo = 2
4. Respuesta ante estímulos (también llamada irritabilidad refleja):
   a. Ninguna respuesta = 0
   b. Muecas = 1
   c. Llanto o retraimiento vigoroso = 2

5. Color:
   a. Pálido o azul = 0
   b. Color del cuerpo normal, pero extremidades azules = 1
   c. Color normal = 2

**FUENTE:** de http://umm.edu/health/medical/spanishpreg/trabajo-de-parto-y-parto/indice-de-apgar

A pesar de que, desde el momento en que escuché su pequeño corazón latir como tambor desbocado, le hablaba todos los días y soñaba con su rostro, no hay palabras más que los lugares comunes para describir ese momento: era, definitivamente, lo más hermoso que había visto en mi vida. A diferencia de muchos bebés, Camila no estaba roja y arrugada: su piel sólo tenía un ligero enrojecimiento pero casi ninguna arruga, aunque gesticulaba como si estuviera bostezando. Tenía los ojitos cerrados y lloraba un poco todavía. Acerqué mis labios a su mejilla suave y redondita, y lo que sentí fue inexplicable: me rebasó por completo. Fue como si ese cuerpo tan pequeñito contuviera todo lo bueno, lo importante, lo bello, lo susceptible de ser amado en este mundo.

Ese momento me pareció sólo un segundo, después se la llevaron para bañarla y pesarla. Alcancé a escuchar que me dejarían descansar un momento y que luego me la llevarían a la habitación para que la amamantara por primera vez. No quería separarme tan pronto de ella y protesté, aunque débilmente, porque de pronto me sentí muy cansada y se me cerraron los ojos.

Desperté en mi habitación. Ahí estaban mis papás, mi primo Miguel Ángel —quien en ese entonces vivía en Londres y al llegar de visita a la ciudad se enteró del nacimiento de Cami y fue de inmediato al hospital—, y, por supuesto, el papá. Lo primero que hice fue pedir que me trajeran a mi bebé; a los pocos minutos entró una enfermera con Camila. Mi pequeña dormía plácidamente; me explicaron que ya era hora de que comiera y tenía que pegarla a mi pecho para que lo intentara.

Después de verla y admirar lo hermosa que era, mi papá y mi primo Miguel Ángel (a quien desde bebé hemos llamado Tato) salieron de la habitación para que pudiera estar más cómoda. La enfermera me dio unas torundas humedecidas con agua oxigenada para limpiarme los pezones, y después, entre ella y mi mamá, me explicaron cómo debía de cargarla y colocar su boquita frente a mi pecho para que mi bebé empezara a alimentarse.

Como una primera muestra de lo que se iba a ser su carácter persistente, Cami intentó varias veces aferrarse a mí hasta que logró succionar la leche.

La leche materna es la mejor fuente nutritiva para los bebés. Contiene las cantidades apropiadas de carbohidratos, proteínas y grasas. También proporciona las enzimas digestivas, minerales, vitaminas y hormonas que necesitan. La leche materna también contiene anticuerpos de la madre que pueden ayudar al bebé a defenderse de las infecciones. Los estudios también sugieren que la lactancia ayuda a las madres a bajar el peso que subieron durante el embarazo y reduce el riesgo de diabetes. Además, se especula que los bebés amamantados tienen coeficientes intelectuales más altos.

**FUENTE:** http://infogen.org.mx/lactancia-alimentacion-del-bebe-leche-materna-o-formula/

De los dos días que pasamos en el hospital recuerdo la visita de mi suegra, Martha, y mi cuñada, Martha Eugenia; la de mi jefe Juan Jacinto y mi compañera de trabajo, Verónica, y por supuesto la de Vale, mi hermana, quien desde ese momento estableció un lazo muy especial con mi hija —del que, confieso, no pocas veces me he sentido celosa.

Vale me llevó un ramo de flores y a Cami un borrego de peluche que ella, por supuesto, ignoró durante algunos días, pero que al paso de las semanas se convirtió en su muñeco preferido.

También recuerdo que a medianoche cedió el efecto de la anestesia, y sentí tanto dolor que el padre de mi bebé tuvo que ir a la estación de enfermeras para pedir que me dieran algo. Sólo así pude dormir un poco.

El día que nos dieron de alta, el papá de mi niña tuvo que presentarse a trabajar en el Canal, así que mis papás fueron por nosotras. Mi mamá le había comprado a Cami una cobijita blanca, tejida a máquina, pero aún así muy hermosa, que la cubría perfectamente. Mi niña durmió durante todo el trayecto a casa, pero en cuanto llegamos y quise acostarla en su cuna, protestó llorando a todo pulmón.

\* \* \*

Regresar a casa con mi bebé no fue, desde muchos puntos de vista, como lo había imaginado. El angelito que conocí en el hospital, de tez blanca, ligeramente rosada, que dormía casi todo el tiempo y comía de mí sin protestar, se transformó en un ser demandante, escandaloso, que no dormía más que por lapsos de tres horas, me provocó agrietamientos en los pezones y lloraba por razones completamente indescifrables.

Este cambio radical en nuestras rutinas —sobre todo en las horas de sueño— provocó problemas entre el papá de Cami y yo, lo que en cierto modo era de esperarse, porque los dos nos quedábamos siempre con sueño y estábamos muy cansados, y por supuesto de mal humor. Él, que también estaba contratado como free-lance, no gozaba de la licencia de una semana que ahora se otorga a los hombres que acaban de ser padres. Así que, con sueño y todo, tenía que ir a trabajar.

Por eso, había noches en que su padre no se podía levantar cuando Cami lloraba en plena madrugada, y entonces me tocaba a mí atenderla. Había ocasiones en que, muy a pesar mío, me quedaba dormida amamantándola. Luego me despertaba con sobresalto y un enorme sentimiento de culpa porque pensaba que si de pronto mi bebé se empezaba a atragantar yo ni cuenta me daría, de tan pesado que tenía el sueño.

En las ocasiones en que al papá de Cami le tocaba trabajar en el turno de la noche (pues en esa época ya estaba en el *master* —control maestro— del Canal y los turnos eran cambiantes), llamaba a mi mamá para que me ayudara con la bebé. Llegaba lo más pronto posible y parecía que hacía magia: la tomaba en sus brazos y mi niña empezaba a calmarse poco a poco; luego, en cosa de un par de minutos, ya estaba dormida.

Cuando todo mundo me decía la frase tan sobada de "nadie nos enseña a ser papás", siempre pensaba: "¡pero qué obviedad!, ¿por qué dicen eso?"; ahora que era madre me daba cuenta de que a veces lo que parece más evidente es lo que encierra más verdad. Cuando estaba embarazada, me dijeron muchas veces, medio en serio medio en broma, "duerme ahora porque cuando nazca el bebé... ¡olvídalo!", nunca pensé que de verdad iba a extrañar tanto algo tan simple como dormir ocho horas seguidas.

En los primeros días —ropa sucia por todos lados, estar en piyama y en bata, medio peinada y por supuesto sin maquillaje— todo el mundo quiere ir a visitarte para conocer a la recién nacida. Esos días son los peores. Uno quisiera ser amable pero, ¿por qué la gente no deduce que, primero, la madre está muy cansada y, segundo, que la bebé duerme y que lo menos que quieres es despertarla "para que la conozcan"? Por otra parte, lo que yo más anhelaba en esos pocos momentos de paz era aprovechar para dormir un poco.

Para hacer justicia, habría que decir que hay de visitas a visitas: mis tías Martha y Laura, por ejemplo, vinieron a la Ciudad de México desde Querétaro. Y lo hicieron de la mejor manera: Cami tomó sus primeros baños gracias a las manos amorosas de mi mamá y mi tía Martha, y casi las únicas ocasiones en que me podía meter a bañar con tranquilidad y tardarme un poco más en la ducha eran cuando mi tía Laura se quedaba con ella.

\* \* \*

Cuando recuerdo el cansancio y la irritación que sentía esos primeros días de la vida de mi hija, creo que para la gente que me rodeaba era fácil suponer que yo estaba experimentando una depresión postparto. Mi mamá llegó a soñar que, en un arranque de locura, arrojaba a mi hermosa bebé por la ventana del departamento. Muy ofendida le dije que ¡cómo se le ocurría semejante cosa!

Por supuesto que había oído acerca de esa enfermedad, aunque no sabía exactamente cuáles eran los síntomas. Lo supe hasta varios años después de que nació Camila, cuando hice un reportaje sobre el tema para el diario online www.sinembargo.mx.

La psicóloga y terapeuta Érica Medina Serdán me explicó la diferencia entre *baby blues* y *depresión postparto* de este modo:

- El término científico es *tristeza postparto*, que muy frecuentemente se conoce como *baby blues*. Según las estadísticas, puede afectar de 50 a 80 % de las mujeres; es muy común. Sin embargo, desaparece por sí solo durante las dos o tres semanas posteriores al parto y no requiere de atención médica ni psicológica. Se presentan síntomas que se pudieran parecer a los de la depresión postparto: tristeza, deseos de llorar, la mujer es dependiente ya sea de su pareja, de su mamá o de algún ser querido cercano. También hay estrés, dificultad para dormir, para adaptarse a la vida, y una de las principales diferencias con la *depresión postparto* es que en el baby blues cada día se va una sintiendo mejor, hay una luz al final del camino, y cada vez existe un mejor vínculo con el bebé; en general, los síntomas disminuyen.

- La *depresión postparto* puede dar inmediatamente después de que nació el bebé, ya sea días, semanas, meses o incluso un año. Sin embargo, los síntomas van aumentando: la madre se siente cada vez más mal, siente que no hay una luz al final del camino, que esto no pasará y que siempre se sentirá mal. En tal caso sí es muy importante decir que, si no hay tratamiento, se puede convertir en un padecimiento crónico. Esto quiere decir que puede derivar en una depresión mayor, un trastorno de angustia o alguna otra situación emocional que trae como consecuencia una mala calidad de vida de la madre —ya sea que se encuentre aún en los cuidados maternales, en el trabajo o estudiando—, del bebé, de la pareja y de quienes los rodean; afecta a la familia entera.

- Hay diferentes niveles de depresión postparto: puede ser leve, moderada o grave. Hay casos en los que un psiquiatra sí podría recomendar medicamento después de hacer una evaluación, y hay mujeres que necesitan ansiolítico y antidepresivo o únicamente éste. Puede tratarse con terapia individual, cuando son situaciones más específicas, o con terapia de grupo, que justamente es lo que yo hago.

Como dije, pasaron ocho años desde que nació mi hija para enterarme a fondo de qué se trataba esto de la depresión postparto. Aún hoy, cuando recuerdo esos días, no estoy segura de no haber experimentado algo así. Sé que no tenía actitudes de rechazo hacia mi niña; al contrario, el sentimiento de culpa de no estar haciendo lo suficiente me atormentó en aquellos días, pero lo que sí recuerdo con claridad es sentir que mi vida había cambiado definitivamente, que nunca volvería a disponer de mi tiempo como antes de que ella naciera, ni para dormir, ni para comer, ni para bañarme, ni mucho menos para sentarme a leer, ver mis programas favoritos en la tele, ir al cine, a bailar o a tomar una copa con el papá de mi Cami —él y yo solos.

Aquello de que cuando nace tu bebé se convierte en tu mundo no es metáfora. De pronto todo gira alrededor de él (ella, en mi caso), y parece que nada más tiene importancia. Y para esto tampoco nos prepara nadie. Si eres un ser egoísta como yo había sido desde niña, esta situación te puede pesar mucho más de lo que te imaginas, y entonces el futuro se ve como una sucesión de días idénticos, grises, en los que lo único que debes hacer es dedicarte en cuerpo y alma a cuidar de esa persona pequeñita, cuyas demandas a menudo sobrepasan tu capacidad y paciencia.

No digo que no hubiera momentos de gozo con mi bebé; por supuesto que disfrutaba mucho hacer con ella los ejercicios que el pediatra recomendó para su desarrollo motriz: doblar y extender sus piernitas y sus bracitos, abrirlos y cerrarlos; girar muy suavemente su cabecita de izquierda a derecha, todo ello en mi cama, en donde le encantaba estar. En esos momentos nos reíamos como locas y yo sentía que no podía haber felicidad más completa.

El paso del tiempo suele matizar lo que en su momento parecía más oscuro. Aunque no había tomado la licencia por maternidad antes de la cesárea, sólo un mes y medio después de que nació Cami tuve que regresar a trabajar. A pesar de que seguía sintiéndome muy cansada, con la actividad diaria fuera de casa desapareció la sensación de que mis días ya estarían completamente trazados de este modo hasta el final: sin nada más que dedicarme a este ser que había llegado al mundo por mi voluntad, y por ende, era toda mi responsabilidad. No cabe duda de que para sentirme una mujer completa siempre he necesitado que funcionen ambas facetas de mi vida: la de madre y la de periodista.

Sin embargo, también empecé a extrañar mucho a mi niña y a temer que el lazo que habíamos empezado a construir se diluyera. Ahora pasaba más tiempo con mis papás que conmigo, y la responsable de la mayor parte de sus alimentos era mi mamá. Supongo que esta sensación la tienen todas las madres trabajadoras, y al paso de los años he aprendido a manejar la culpa, sobre todo al aprovechar de la mejor manera el tiempo (poco o mucho) que paso con mi hija. Pero eso es materia para otro capítulo.

Volvamos, pues, a esos días en que mi bebé seguía siendo muy pequeñita y ya había regresado a trabajar. Recuerdo muy bien lo incómoda que me sentía el día en que me tocó cubrir el cuarto informe de gobierno de Vicente Fox: mis pechos parecían a punto de estallar por la cantidad de leche que no había tenido tiempo de sacarme, pues el llamado en el Canal para salir con los camarógrafos hacia la Cámara de Diputados fue muy temprano, y el roce con la tela de la blusa era insoportable. Además, como era un evento formal, tenía que llevar saco, lo que lo hacía más doloroso.

Aproveché una pausa, después de mis intervenciones a cuadro, para ir al baño y literalmente "exprimir" mis pechos lo más que pude sin el "sacaleche" —el cual los miembros del Estado Mayor Presidencial no me habrían dejado introducir al recinto legislativo de San Lázaro—. Luego volví a ponerme el sostén con los protectores de algodón que compraba en esa época. El resto de la jornada laboral fue mucho más fácil.

Semejantes a éste, hubo algunos otros episodios, hasta que un buen día se me acabó la leche y tuve que darle fórmula láctea a mi niña. A pesar de ello, creció fuerte y sana, lo que me ha hecho tremendamente feliz.

# Cristina
## Madre de un hijo

Cristina no es su nombre real, sino el que ella eligió cuando aceptó darme su testimonio para el reportaje que publiqué en www.sinembargo.mx en el 2012, y del que aquí reproduzco un fragmento. Dado que quería permanecer anónima, tampoco me permitió fotografiarla.

Tuve una infección de vías urinarias que provocó que me tuvieran que interrumpir el embarazo a las 27 semanas. Fue, más que molesto, angustiante, porque fue avanzando de tal manera que estábamos en peligro de muerte mi bebé y yo. Yo estuve dos semanas hospitalizada y él dos meses, porque nació muy chiquito y estuvo muy grave. Tuvieron que operarlo del corazón por lo prematuro. Ahora ya está bien, pero siempre tendrá que seguir en observación.

Nació el 12 de octubre, pero desde el 27 de septiembre me había puesto muy mal; incluso me internaron. Ningún antibiótico me hacía afecto, la bacteria se hizo resistente y por eso la infección se volvió muy grave.

Fue muy difícil porque los médicos trataron de detener la infección y que transcurriera el embarazo de alto riesgo, pero lo que queríamos era salvarnos los dos. Fue como una lucha. Me hicieron muchísimos procedimientos, y todo lo aguantaba por el amor a mi hijo. Les decía: "yo lo único que quiero es que él sobreviva".

Cuando lo vi en la incubadora, me dio mucha angustia pensar que se iba a morir porque sólo nos daban malas noticias, y eso es algo que uno nunca se imagina que le va a pasar.

La depresión me dió cuando él estaba internado, y estando ya en casa, ha sido más difícil por la angustia que tengo.

Más que para relacionarme con mi bebé, el problema que tengo respecto a él es que siento que no lo quiero, pero es por toda la depresión. Sé que no es que no lo quiera, porque yo estaba dando la vida ahí; decía: "no me importa que me piquen, que me hagan lo que sea en el hospital pero que el bebé esté bien".

El papá de mi hijo me apoya totalmente. Todo el tiempo me trata de dar ánimos y de escucharme cuando me siento muy mal. Y él lo cuida mucho; siempre que está en la casa lo baña y compartimos las tareas del bebé.

Mis papás me apoyan porque estuvieron conmigo durante todo el proceso del hospital y además saben que yo siempre me he preocupado por mi salud mental, así que también me ayudan cuidando a mi bebé.

4

## Los primeros años: ¿guardería o casa de los abuelos?

De veras, todos los símiles que se me ocurren para los primeros años de maternidad tienen que ver con el pugilismo, la batalla y el coraje. Aquellos que no tienen hijos tienden a pensar en la paternidad y en la maternidad como un maravilloso idilio que gira esencialmente alrededor de la leche calientita, las pompas de jabón y los abrazos.

Para los que estamos en ello, sin embargo, el lenguaje es a menudo militar; y se acerca a veces al del coronel Kurtz en Vietnam. Muchos consideran la interpretación de Marlon Brando en *Apocalypse Now* una de las más brillantes de Hollywood. Yo, personalmente, sospecho que acababa de pasarse una semana cuidando a unos gemelos de tres meses con cólicos, y basó en eso su interpretación.

Caitlin Moran. *Cómo ser mujer*. Editorial Anagrama, 2013.

El verano caluroso dio paso al otoño. Las calles se llenaron de hojas secas y los vientos despeinaban por igual árboles y cabellos; la ciudad se empezaba a vestir de frío. Con el paso de los días, nuestra bebé crecía y se transformaba: ya sostenía sola su cabecita, empezaba a agarrar los objetos y fijaba la vista durante un tiempo mayor.

Su papá y yo trabajábamos, así que cuando él podía se quedaba con ella y le daba de comer. Yo le dejaba las papillas cocinadas, los biberones esterilizados y el agua hervida para la leche, para que todo le resultara más fácil. Cuando de plano ni él ni yo estábamos en casa a la hora de la comida (que sucedía con frecuencia), mi bebé comía con mis papás.

Desde sus primeros días de vida, como he dicho, Camila estableció un lazo muy fuerte con mi mamá. Y poco después también con mi papá. Duele un poco decirlo (por aquello del orgullo maternal), pero la casa de los abuelos fue muchas veces, más que la nuestra, su hogar. Con ellos se sentía segura, protegida, amada.

A sus 59 años de edad, mi mamá se ocupaba de Cami con la energía de una joven de 20: le preparaba su comida cuando yo no había tenido tiempo o salía de viaje, le daba de comer, le cambiaba el pañal, la bañaba y la vestía, la ayudó a dar sus primeros pasos; además la arrullaba cantándole canciones de Tin Tán, Pedro Infante o algún cantante de moda.

Estoy consciente de que mi mamá dejó de hacer muchas cosas que amaba por cuidar a mi hija: por ejemplo, tomar cursos de actuación, salir en obras de teatro, seguir aprendiendo dibujo y pintura; incluso incursionar profesionalmente en la joyería. Es de esos pocos seres que tienen una enorme creatividad para muchas cosas. Y a pesar de ello, se quedó en casa a cuidar de Camila.

Mi papá, de la misma edad que mi mamá, nunca se cansaba de jugar con ella; a menudo la voluntariosa de mi niña lo "mandaba por un tubo" con sus juegos, pues una de las primeras palabras que aprendió a decir (después de *Bae*, con la que intentaba pronunciar el nombre de su papá) fue *no*. Así que a veces eso era lo que mi papá recibía por respuesta, aunque hubiera ideado el juego más divertido, utilizando todo su ingenio e imaginación. Pero esto no quiere decir que él se molestara o perdiera la paciencia y dejara de intentarlo; por el contrario, después de unas cuantas carcajadas se encontraba listo para probar suerte con otro juego.

* * *

Cami creció fuerte y sana. Sólo una vez, a los cuatro meses, nos dio un buen susto: le dio una diarrea que no le paraba, acompañada de vómito que, como es bien sabido, a esa edad puede provocar una deshidratación fatal.

Muerta de miedo, le llamé al pediatra, quien me indicó que le diera suero oral y que le mandara a hacer análisis urgentemente. Resultó ser rotavirus, pero gracias a que la atendimos a tiempo, mi niña no tuvo que ir al hospital y se recuperó rápidamente en casa, tomando muchos líquidos y con el medicamento que le recetó el doctor.

El rotavirus ocasiona diarrea severa. También puede provocar vómitos, fiebre y deshidratación. Es la principal causa de diarrea entre los bebés y niños pequeños.

Las infecciones se presentan casi siempre en invierno o en primavera. Es muy fácil que los niños que ya tienen el virus se lo contagien a otros o, en algunas ocasiones, a los adultos. Una vez que un niño adquiere el virus, transcurrirán unos dos días antes de enfermarse. Los vómitos y la diarrea pueden durar entre tres u ocho días.

El tratamiento consiste en reponer los líquidos perdidos en el cuerpo. Se suele recomendar que el niño beba productos con azúcar y minerales. Algunos menores necesitan ir a un hospital para recibir líquidos por vía intravenosa.

**FUENTE:** *Medline plus*. http://www.nlm.nih.gov/medlineplus/spanish/rotavirusinfections.html

Ese hecho me deprimió, aunque Cami se hubiera curado pronto. No comprendía cómo era que ese virus la había contagiado, si siempre preparaba sus alimentos con medidas estrictas de higiene y estaba segura de que mi mamá y su padre también.

Quizá esa fue la primera vez que sentí que no estaba haciendo lo suficiente por ella, y esa sensación me persiguió (y me sigue persiguiendo) varias veces a lo largo de su vida, sólo que ahora trato de dominarla porque sé que una mamá que vive eternamente con culpa, le transmite a su hija una sensación perenne de angustia. Y eso no es nada bueno. Pero más adelante volveré a este asunto con más detenimiento.

Lloré, y mucho. Lloraba por la culpa, por la desesperación y el cansancio; porque sentía que el destino de ese ser tan pequeño e indefenso estaba completamente en mis manos, y no sabía si iba a poder con semejante tarea. Pero luego la veía reír, hacer sus primeros intentos para sentarse, aplaudir y entretenerse horas con el borrego que mi hermana le regaló; entonces me inundaba el amor. Me maravillaba haber contenido en mi vientre tanta perfección, y una vez más me sentía capaz de cuidarla, más allá de solamente resolver sus necesidades básicas, de brindarle todo lo demás: paciencia, ternura, juegos, ejercicio y, sobre todo, amor.

Debo decir que a veces lo lograba, pero muchas otras no, y en esas ocasiones me acordaba otra vez de la dichosa frase: "nadie nace sabiendo cómo ser madre". La intuición puede ayudar a resolver muchas cosas, pero en ésta, la carrera más importante de la vida, nunca se termina de aprender y a veces el reconocimiento llega tarde, o de plano no llega.

\* \* \*

Desde muy pequeña, Camila mostró los primeros rasgos de su carácter dominante y rebelde. Cada vez que Vale y yo nos acordamos de una anécdota que ha de haber sucedido cuando tenía cinco o seis meses, nos reímos mucho, pero también nos sorprendemos de cómo, desde muy chiquita, nos enseñó sin lugar a dudas cómo iba a ser su temperamento: una de las primeras veces en que intentó sentarse en mi cama, perdió el equilibrio, se fue de lado y se pegó levemente en la cabeza en la pared. De inmediato se sobó y se quedó, entonces sí, muy sentadita. Y no habría pasado nada más si Vale y yo no nos hubiéramos reído, porque en cuanto se dio cuenta y sintió que nos burlábamos de ella se enojó mucho y entonces sí empezó a llorar. Pero no era un llanto de dolor, como cuando tenía cólicos, sino de coraje. Me di cuenta porque la quise abrazar y no se dejó; con su precario equilibrio logró hacerse a un lado. Desde entonces dejó muy en claro que de ella nadie se burlaría y a lo largo de su vida no ha permitido que se nos olvide, afortunadamente.

*   *   *

Hubo un momento en que pensamos que Cami estaba tardando más de lo normal en dar sus primeros pasos. Incluso ya nos estábamos preocupando porque tampoco gateaba; se arrastraba de una manera muy peculiar, apoyando las manos y la panza en el piso pero sin doblar las rodillas. Cuando la tomábamos de las manos, agachándonos hasta quedar a su altura, se animaba a dar unos pasos, pero sólo unos cuantos.

Además, cuando íbamos a un restaurant y la sentábamos en la periquera, siempre le costaba trabajo sostenerse en posición vertical; se "iba de lado". Lo cierto es que todavía no cumplía el año, y el Dr. Abaunza, su pediatra, nos dijo que esto era perfectamente normal.

**De 9 meses a 1 año**
*Desarrollo físico*
Tu bebé:

- Se arrastra sobre la barriga o sobre las piernas
- Escala o rodea las cosas (aunque si es posible prefiere traspasarlas directamente)
- Puede levantarse ayudándose, poner cara de confusión y caer otra vez sobre el trasero
- Puede "andar" cuando un adulto le toma las manos, puede irse tambaleando desde, pongamos, un mueble próximo hasta unas rodillas cercanas también, y vuelta a empezar, o puede andar a solas

- Deja caer cosas para que tú las recojas
- Puede pasarse cosas de una mano a otra
- Le encanta tirar cosas
- Aplaude
- Puede decir adiós con la mano

**FUENTE:** Haz Cooke, *Hijos*, Ediciones B, 2003.

\* \* \*

Se que ya lo he dicho varias veces antes, pero durante los primeros meses de la existencia de Cami viví permanentemente cansada. Me quedaba dormida en casi cualquier circunstancia (lo bueno es que nunca me ocurrió al frente del volante porque quizá ahora no lo estaría contando). El caso es que, cuando pensaba que ese iba a ser mi estado definitivo, de pronto se acabaron las noches en vela. No recuerdo la primera vez que sucedió, supongo que fue un proceso paulatino, pero uno de los muchos méritos de mi niña es que un poco antes de los seis meses de edad empezó a dormir toda la noche. ¡Fue un alivio supremo! Ya no había gritos ni chillidos a media noche y en la madrugada porque la niña quería comer, ni necesidad de sintonizar BabyTV para que se arrullara con las figuras de peces o colores que cambiaban lentamente mientras Mozart sonaba de fondo musical (que, por cierto, funcionaba mejor para dormir a los papás que a la bebé).

Nuestros relojes biológicos y por supuesto nuestros ánimos se lo agradecieron infinitamente, y la tensión que había entre el papá de mi niña y yo comenzó a desvanecerse (aunque pronto aparecería otra vez, por razones distintas).

Poco antes de que Cami cumpliera un año, tuve que salir de viaje de trabajo a España. Aunque ya me habían mandado de comisión cuando ella apenas tenía tres meses, había sido un viaje corto, como de tres días, dentro del país. Pero en este caso estuve lejos de mi niña cerca de nueve, y aunque lo disfruté mucho (¿a quién no le va a gustar viajar al otro lado del mundo con todo pagado y para realizar un trabajo apasionante como el mío?), también la extrañé todo el tiempo.

La Feria Internacional del Libro de Guadalajara, la reunión literaria, librera y editorial más importante de habla hispana, cada año organiza viajes de trabajo para periodistas mexicanos al país o región invitado de honor. El propósito era no sólo conocer la geografía del lugar sino, más importante, su literatura y, sobre todo, a los autores que estarían presentes ese año en la fiesta del libro. En 2006 el invitado de honor fue Andalucía, y a los periodistas de los medios seleccionados nos llevaron a Cádiz, Sevilla, Granada, Córdova, Málaga, y por supuesto, a Madrid, de donde aterrizamos y despegamos.

Dos autores que conocí en ese viaje se me quedaron especialmente grabados, tanto por su obra como por su personalidad: Francisco Ayala (1906) y Luis García Montero (1958), ambos granadinos, y por supuesto representantes de distintas generaciones, pero los dos excelentes poetas. Creo que fueron las mejores elecciones de la FIL, aunque para noviembre, fecha en que se realizó la feria en Guadalajara, Francisco Ayala no pudo viajar a México por razones de salud. (Ese año, el poeta ya tenía 100 años de edad, y de hecho, a la conferencia de prensa en Madrid asistió en silla de ruedas, pero conocerlo en persona y tener la oportunidad de hablar con él fue un experiencia que no voy a olvidar).

Recuerdo que casi todos los días le hablaba a su padre para ver cómo estaba mi niña. Cuando sabía que era hora de que estuviera con mis papás, marcaba su número y me la ponían al teléfono. Aunque sólo balbuceaba ma-má, y algunas otras palabras cuyo significado apenas yo empezaba a adivinar, hablar con ella me hacía llorar de emoción, invariablemente.

En medio de los distintos paraísos andaluces, a veces a 40 grados de temperatura (como en el caso de Málaga y Granada), oír su pequeña vocecita me hacía muy feliz, y sobre todo saber que estaba bien, al cuidado de su padre o de mis papás, me daba mucha seguridad.

\* \* \*

Los padres primerizos a veces cometemos errores impensables. La falta de experiencia nos hace olvidar que un bebé es un ser frágil, que está expuesto a muchos peligros. El papá de mi niña y yo nos llevamos un buen susto una vez; mientras yo me bañaba, él se quedó con ella en la recámara. La había acostado en la cama y la dejó de observar un momento, mientras se paraba para recoger el control remoto de la televisión, que estaba en una mesa de madera justo enfrente de la cama.

Bastaron esos cuantos segundos para que la bebé se rodara y cayera al piso, golpeándose la frente y, por supuesto, soltando un chillido tan fuerte como se escuchará (si es que sucede) el estruendo que precederá al fin del mundo.

A pesar del sonido del agua en la ducha, alcancé a oír su grito, y en seguida su llanto. Creo que ni cerré la llave de la regadera; sólo tomé la toalla y medio me envolví en ella y salí corriendo, empapada, prácticamente resbalando. Los tres pasos que separaban el baño de la recámara se me hicieron eternos. Su papá la cargaba, la mecía, le hablaba, y ella no dejaba de llorar.

—Se cayó de la cama —me dijo con desesperación.

—Pero, ¿cómo? —le respondí mientras le quitaba a la niña de los brazos.

—¡No dejes que se duerma! —gritó él, por toda respuesta.

Lo único que se me ocurrió fue correr al teléfono para llamarle a mi mamá. Llegó mucho más pronto de lo que dictaría cualquier tipo de lógica, y después de ver a Cami, cuya frente se hinchaba rápidamente por la parte derecha, hasta convertirse en un chichón morado, nos regañó al papá y a mí. No recuerdo sus palabras exactas, pero no fue nada agradable.

Por supuesto que le hablamos al doctor Abaunza, quien nos dijo que había que vigilar que no se durmiera ni vomitara, y que si sucedía cualquiera de estas dos cosas le avisáramos y la lleváramos de inmediato al hospital, y que él llegaría de inmediato.

Afortunadamente ninguna de las dos situaciones ocurrió. Cami lloró hasta que se cansó y luego logramos distraerla con un pez de tela, de grandes colores, que también le había regalado Vale.

Si bien el susto pasó, el sentimiento de culpa se alimentaba todos los días al mirar el chichón morado, que parecía una pequeña montaña sobre su piel blanca.

Esa fea marca quedó registrada para siempre en una foto en la que mi papá la está sosteniendo mientras ella toma su biberón con sus manos pequeñas y regordetas. Su frente ya no tiene el chichón, pero sí la mancha oscura.

\* \* \*

Cuando Cami cumplió un año 2 meses la inscribimos a la guardería. No fue una decisión fácil, porque significaba que estaría ahí de 9 de la mañana a 3 de la tarde, y pensábamos que quizá iba a resultar muy cansado para ella, pero pensamos que había varias razones por las cuales ésta era la mejor opción:

- Mi mamá prácticamente no podía realizar sus labores durante toda la mañana, y aunque a ella le agradaba estar con la bebé, yo sentía que estábamos disponiendo de todo su tiempo.

- Como hija única, Cami pasaba todo el tiempo con adultos; no tenía casi ningún tipo de contacto con niños de su edad (su primo Patricio, hijo de mi hermana Vale, nació exactamente un año después que ella, así que en ese momento era un bebé de sólo dos meses de edad), y creímos que ya era hora de que aprendiera a convivir con sus pares, y que eso sólo le podía hacer bien.

- La bebé estaba muy adelantada en el proceso para dejar el pañal, pero aún no lo habíamos logrado, y pensamos que con el entrenamiento correcto en la guardería podría lograrlo más pronto.

- Pensamos que la estimulación que le darían en la guardería sería muy útil (por no decir indispensable) para su desarrollo motriz, mental y emocional.

Terminaba así una etapa importante en la vida de nuestra hija; dejaba de ser bebé y se apresuraba a convertirse en una niña.

Después de ver varias opciones, nos decidimos por una guardería que tenía servicio de desayuno y comida, estaba cerca de casa y las dueñas eran una mujer de unos 45 años y su mamá, una señora mayor que se encargaba de todo lo que tuviera que ver con los alimentos de los niños. La guardería, *Les Petits Enfants*, era un casa de tres pisos acondicionada para tal fin, y todo estaba limpio y ordenado. Además, les daban clase de inglés (seguramente se limitaba a *pollito-chicken, gallina-hen*, pero era un buen principio).

Cuando se está en busca de una guardería es muy importante observar que no haya objetos o espacios que representen un riesgo para los pequeños; por ejemplo, ventanas a su alcance, mesas o sillas de madera dura o metal cuyos bordes queden a su nivel, rejas de hierro que no estén bien pulidas y cuyas rebabas puedan arañar la piel de un bebé, etcétera. *Les Petits Enfants* salió avante de nuestra revisión minuciosa, y viéndolo en retrospectiva, Cami fue muy feliz ahí.

A las 3 de la tarde íbamos por ella. A veces su papá, a veces yo, y en caso de que ninguno de los dos estuviera desocupado, mi papá. Nos la entregaban bien peinadita y casi siempre dormida, pues la última hora era para la siesta. Ya para entonces había desayunado y comido, y al llegar a casa, después de haber dormido durante una hora, tenía energía suficiente para jugar.

Después de un par de meses, observamos grandes avances en su desarrollo motor y mental, y aunque por supuesto no dejábamos de practicar en casa el caminar y avisar cuando quería ir al baño, gracias a la atención que le daban en la guardería lo logró más rápido.

Muy pronto mi pequeña niña caminaba por todos lados (por lo que había que estar muy al pendiente de sillas, orillas de mesas, objetos tirados en el suelo, pisos resbalosos, escalones y demás), y avisaba cuando quería hacer pipí y popó.

# Amalia Pérez

**Levantadora de pesas.
Campeona paralímpica
| Madre de una hija**

No conocía personalmente a Amalia cuando le llamé por teléfono para explicarle que estaba trabajando en este libro y solicitarle una entrevista. Desde el principio fue muy amable y de inmediato aceptó. Me citó en el gimnasio en el que entrena desde hace más de una década. La esperé algunos minutos, pero desde que la vi llegar en su silla de ruedas, con una sonrisa honesta, saludando a todo el mundo, agradecí que me hubiera dado la oportunidad de conocerla y de contar su historia en este libro.

Mi discapacidad es de nacimiento. Se llama artrogriposis congénita. Sí ha sido un poco limitante, por ejemplo con respecto a las barreras arquitectónicas y a la falta de concientización y de cultura que hay en nuestro país.

Estuve en los juegos paralímpicos de Sydney, Atenas, Beijing y Londres. Obtuve medalla de plata en las dos primeras, y medalla de oro en las dos segundas.

En realidad yo no deseaba tener bebés porque es bien cierto que a mí se me está dificultando estar en esta sociedad, entenderla, y sé que desafortunadamente a veces no es lo que quisiéramos. Entonces, decía que no me gustaría traer bebés al mundo para que sufrieran, a la mejor, lo mismo que he sufrido.

Cuando me enamoré de mi esposo, encontré una relación muy hermosa, y en la actualidad él es mi entrenador. Hubo tal entendimiento que afortunadamente nació Meli, y con ella cambió mi espíritu como ser humano, porque definitivamente tener un bebé, ser madre, dar vida, tener esa responsabilidad y ese compromiso como ser humano, en donde ya alguien más depende de ti, te hace cambiar totalmente la visión.

Para mí era crucial que Meli naciera porque ahora también entiendo el porqué estoy aquí.

Cuando salgo a justas internacionales mis papás son los que me hacen el favor de cuidármela, junto con algunas de mis hermanas o mis cuñadas. Para mí es esencial porque estoy confiada en que está segura, y así puedo concentrarme y prepararme bien para las justas deportivas a nivel internacional.

Los bebés son muy inteligentes. Son muy adaptables a su entorno. Desde bebé, Meli entendía que mamá no podía darle muchas cosas. Así que a mí no me pide muchas cosas, se las pide a papá. Sabe y entiende perfectamente cuáles son mis capacidades y mis limitaciones. Es una niña que no dice mucho, no es muy dada a platicar demasiado pero entiende muchas cosas. Me exige como mamá, como ser humano que entiende que la mamá le tiene que responder, pero aún así Meli acepta muchas cosas, y no pasa nada. Cuando debe demandar de mamá, la demanda, pero cuando sabe que no puede demandar de mamá, es muy consciente y muy tranquila. También es autosuficiente porque así le he tenido que enseñar yo.

Yo espero donarle a Meli los principios, la ética, el trabajo, el deseo de esforzarse, de que no se limite, de que sueñe, que sea libre.

# La madrastra odiosa de los cuentos: la culpa

Hay que llegar a saber que los hijos, vivos o muertos, felices o desgraciados, activos o pasivos, tienen lo que el padre no tiene. Son más que el padre y más que ellos mismos. Son nuestro compás de espera. Y nos imponen la cortesía paterna de ser invisibles para nunca disminuir el honor de la criatura, la responsabilidad del hijo que necesita creer en su propia libertad, saberse la fragua de su propio destino. (...) Viendo el homenaje de mis hijas a mi único hijo, entendí que un hijo merece la gratitud del padre por un solo día de existencia en la tierra.

**Carlos Fuentes. *En esto creo***

No pasaba un día de la vida de mi niña, esa maravillosa vida que evolucionaba con rapidez casi insólita, sin que me preguntara si lo estaba haciendo bien, si estaba siendo la mamá que ella necesitaba.

Ya he dicho que durante un largo periodo de mi existencia renegué de la idea de tener hijos; que incluso pensaba que a una mujer moderna, realizada y segura no le harían falta, y muy probablemente hasta le estorbarían. Pero luego llegó la necesidad, el convencimiento, la decisión de tenerla. Y ahora que crecía y crecía, y yo trabajaba y trabajaba, y no estaba con ella para compartir todos sus logros en cuanto a desarrollo motriz y de lenguaje, me sentía cada vez peor. Llegué a pensar que la decisión de tenerla había sido un acto completamente egoísta de mi parte, sólo para llenar un vacío, satisfacer una necesidad mía y sólo mía... Pero lo negaba de inmediato: la veía sonreír, llorar, enojarse, moverse cada vez más rápido en la andadera y atreverse a dar un pasito más sin ayuda de nadie, y me decía que ella era mi responsabilidad y mi mundo, que debía hacerlo bien. Así, sin pensar en nada más.

Aunque el ideal de mujer que nos inculcan en la escuela, en la televisión, incluso en algunos libros (mi favorito durante la infancia y la adolescencia fue *Mujercitas,* de Louise May Alcott), es que debemos ser pacientes, pasivas, obedientes, sacrificadas y protectoras. Y aunque mi personaje favorito de la novela de Alcott era Jo, aquella que nunca se casó porque amaba escribir, y solamente al final de la novela encontró a su pareja ideal en un maestro mucho mayor que ella, creo que el asunto de la culpa que empecé a sentir casi desde que nació Cami tiene mucho que ver con toda esa educación sentimental con la que inevitablemente crecemos las mujeres.

¿Qué mujer mexicana que vivió la adolescencia en la década de los ochenta no lloró cuando Candy renunció al amor de Terry porque la chica que estaba enamorada de él, compañera de la compañía de teatro en la que trabajaba el galán de pelo negro y largo, había quedado parapléjica al ponerse en su lugar y salvarlo de un reflector que estaba a punto de caer directamente en su cabeza? (Me refiero, por supuesto, a Candy White, la heroína del melodrama animado japonés *Candy Candy*). Por mucho que intentemos huir de estos estereotipos, nos bombardean constantemente, y no todas lo logramos. O al menos no al 100 por ciento.

Cuando Cami tenía dos o dos y medio años, sucedió un accidente en la guardería. Estaban jugando en el pequeño patio que las dueñas habían acondicionado con juegos infantiles de plástico de colores: una especie de castillo de cuya ventana salía una resbaladilla, y unos columpios. Todo estaba hecho del tamaño adecuado para niños pequeños, y del material necesario para soportar su peso sin romperse, y sin orillas puntiagudas ni rebabas peligrosas con las que pudieran lastimarse.

Sin embargo, por seguro que parezca un lugar, y por atentos que estén los adultos que cuidan de los niños, siempre hay imponderables: mi pequeña iba corriendo en el piso de cemento con la boca abierta (seguramente estaba riendo o gritando), se tropezó y como no le dio tiempo de meter las manos, cayó de bruces y se mordió la lengua. Sangró mucho.

No recuerdo con detalle todo lo que sucedió después. Sólo que ni su papá ni yo la recogimos de la guardería, sino mi papá, y que mi niña, asustada y todavía con dolor, se había refugiado directamente en los brazos de mi mamá.

Cuando llegué a recogerla, más tarde, estaba dormida en la cama de mis papás. Seguramente era su siesta de la tarde. El caso es que la vi tan pequeña en esa cama inmensa, tan frágil, tan vulnerable, que me entraron unas tremendas ganas de llorar. Pensé que quizá esto no habría pasado si yo hubiera estado con ella, si ese día hubiera faltado al Canal, o hubiera trabajado por la tarde. Si hubiera, si hubiera, si hubiera...

Pero tampoco podía dejar de trabajar. Con el sueldo del papá de mi niña y el mío apenas reuníamos lo suficiente para cubrir los gastos básicos de la casa, y un poco más para ropa, calzado y diversiones, como ir al cine o a comer fuera de casa, comprarle de vez en cuando algún juguete a Cami, o darnos algún gusto. No queríamos renunciar a ese nivel de vida, ni pensábamos que hacerlo fuera benéfico para nuestra hija (al menos yo estaba segura de eso. Siempre me planteé como uno de mis objetivos primordiales en la crianza de Camila darle por lo menos lo que mis papás nos habían dado a Vale y a mí. Ni un ápice menos. Y esto implicaba mandarla a escuela particular desde la guardería, y que la atendieran médicos privados).

Además, tampoco quería dejar de trabajar. Aparte de que, como he repetido quizá hasta el cansancio, amaba (y sigo amando) mi trabajo, no me imaginaba siendo un ama de casa de tiempo completo, y mucho menos creía que la frustración que acumularía por haber tenido que renunciar al periodismo sería beneficiosa para mi Cami. ¡Si tan solo hubiera sabido entonces lo que hoy sé, no habría dejado que la culpa volviera una y otra vez a decirme tantas cosas al oído!

Se ha observado un mayor grado de satisfacción entre las madres trabajadoras.

(...)

Los hijos de madres trabajadoras difieren de los de las madres que no lo hacen en sus resultados académicos, en su conducta agresiva, en sus habilidades sociales, en la percepción que tienen de ellos mismos y en su actitud sobre los estereotipos sobre los papeles de los distintos sexos.

Con respecto al trabajo actual de las madres, los hijos de madres trabajadoras obtienen mejores resultados en lengua y matemáticas y presentan menos problemas de aprendizaje. Las chicas de madres trabajadoras tienen mayores habilidades sociales, emocionales y tienen un mayor control interior. (...)

En cuanto a los vínculos que conectan el trabajo de la madre con el estilo educativo y la adaptación social, los resultados muestran que las amas de casa ejercen un control más autoritario que se asocia con problemas de adaptación social. (...)

En general, las formas de control y disciplina utilizadas por las mujeres trabajadoras se asocian con un mayor nivel de adaptación y competencia social.

**FUENTE:** Lois W. Hoffman, Lise M. Youngblade. *Las madres que trabajan fuera del hogar. Sus efectos en el bienestar de los hijos.* Cambridge University Press. Recuperado de: http://www.movilizacioneducativa.net/imprimir.asp?idLibro=38

Había otra razón fundamental por la que la culpa se negaba a abandonarme: los conflictos cada vez se hacían más graves y más frecuentes entre el papá de Cami y yo. Por más que le decía que no gritara en frente de la niña, no me hacía caso, parecía que cuando estaba enojado ya no se podía controlar. Lo mismo me pasaba a mí: llegaba un momento en el que era tal mi furia que no me podía contener, respondía a su agresión pasiva con gritos; parecía que no me importaba que mi pequeña niña me observara con ojos de terror.

Como en muchas parejas, los problemas empezaron por las finanzas familiares. Él me reclamaba que yo gastaba mucho en cosas superfluas, que no me sabía administrar. A mí me enfurecía que me dijera cómo debía de gastar el dinero que yo me salía a ganar todos los días. ¿Cómo se atrevía? Él sí gastaba lo que ganaba en lo que se le antojaba. Siempre cumplía con la parte que le tocaba aportar a los gastos del hogar, pero disponía de lo demás, igual que yo. Nunca se quedaron cuentas sin pagar, eso sí.

Por su lado, él no dejó de salir con amigos (aunque debo admitir que siempre bebía con moderación, y no hubo una sola vez que llegara alcoholizado a la casa), mientras que yo me encerré en casa siempre que no estaba trabajando. Era una decisión que, ahora me explico, también estaba motivada por la culpa: si trabajaba tanto, y no podía estar el tiempo que hubiera querido con mi niña, le dedicaría al menos todos mis tiempos libres.

Así pues, los viernes por la tarde, cuando regresaba de trabajar, el padre de mi niña tomaba el carro y se iba. A veces sólo iba a tocar a algún bar cercano y regresaba esa misma noche, pero cuando iba al Estado de México, en donde vivía su mamá, no regresaba hasta el sábado, ya muy tarde, o incluso el domingo. En ocasiones yo trabajaba sábado o domingo, y si él no había llegado, dejaba a mi niña al cuidado de mis papás.

No me pesaba quedarme con Cami; al contrario, aprovechaba esos momentos en que estábamos solas para jugar con ella, atenderla sin prisas, estrechar el lazo entre nosotras. A veces íbamos a visitar a Vale y Patricio, su hijo y por lo tanto primo de Cami, que como he dicho es un año menor. La pasábamos muy bien, porque aunque siendo tan pequeños las diferencias de edad se notaban mucho más que ahora, Cami y Pato (como le decimos desde bebé) casi se convirtieron en hermanos. Con todo lo que ello implica: mucho amor y complicidad pero también grandes pleitos.

No me pesaba quedarme con Cami, como he dicho, pero sí que mis esfuerzos por construir lo que yo consideraba una familia se quedaran en sólo eso: intentos vanos. Sentía que los únicos momentos en que podíamos estar juntos los tres, el papá de mi niña prefería irse, cuando no a tocar música con sus amigos, a visitar a su familia.

Varias veces intenté comprenderlo. Me repetía el argumento de que se convirtió en papá siendo muy joven, y que todavía temía ganas de "echar relajo". Finalmente, yo sentía que ya había tenido mi cuota de diversión en esta vida.

Pero luego me ganaba el argumento contrario y pensaba "¿cómo es posible que prefiera estar con otras personas en lugar de con su hija y su pareja?", y entonces me daban ganas de llorar.

Admito que a veces lloraba en presencia de Cami. Me sentí débil y egoísta, pero ahora pienso que gran parte de la carga que soportamos las mamás también tiene que ver con esto: no tener un momento a solas para llorar. Y a veces la presión es tan fuerte que es lo único que quieres hacer: más que echarte a dormir (que también se antoja mucho) o arreglarte para salir a bailar o unas vacaciones en la playa, simple y llanamente un espacio (físico y de tiempo) para dejar que las lágrimas laven todo lo que sientes que empieza a podrirse por dentro. La habitación propia de la que hablaba Virginia Woolf, que paradójicamente no tuvo hijos. Pero ¡qué acertada fue!

\* \* \*

Hubo otro episodio que me hizo sentir una gran culpa. Bueno, definitivamente este es el episodio que más culpa me ha hecho sentir desde que Cami nació y espero con todo el corazón que nunca se repita.

Una tarde fuimos a comer los tres a un centro comercial. En el área de comida rápida, como siempre, nos sentamos cerca de los juegos infantiles, para que nuestra pequeña hija (que para entonces tendría ya unos dos años y medio o tres, porque caminaba perfectamente) pudiera jugar terminando de comer.

Nos sentamos los tres; su papá fue a recoger la comida y Cami, desesperada por ir a jugar, se levantó de la mesa. Le dije que desde ahí la vigilaríamos y que ella tampoco debía de perdernos de vista.

Cuando regresó el papá de Cami, nos dimos cuenta de que había una mesa que se acababa de desocupar; estaba mucho más limpia y más cerca del área de juegos, así que nos trasladamos para allá con las bandejas de comida.

Una vez instalados en la otra mesa, me levanté y fui al juego en donde estaba mi niña antes de que nos cambiáramos de lugar. No la encontré, y entonces me puse a buscarla en los demás. Era un área pequeña, así que casi inmediatamente me entró el pánico porque no la encontraba por ningún lado. Me puse como loca; pregunté a todas las familias que había alrededor que si no habían visto una niña güerita, de pelo lacio cortado a lo "príncipe valiente", con un pantalón de peto color rosa, que apenas hace cinco minutos estaba en esa área. Pero nadie la había visto.

Desde la mesa que ya habíamos conseguido, el papá de Cami se dio cuenta de lo que pasaba y llegó en dos pasos hasta donde yo estaba.

—¿Qué pasó?

—La niña no está —respondí, ya en pleno llanto.

—¿Cómo que no está? —me dijo terror en la mirada.

En eso, uno de los vigilantes del centro comercial se acercó y me preguntó qué pasaba. Entre lágrimas le expliqué y él habló por su radio quién sabe con quién. Todo el mundo se movía alrededor de nosotros, pero yo sólo sentía como que el piso se abría y me empezaba a tragar un vacío oscuro e inmenso.

El padre de mi hija corría por todos lados, y después de lo que me pareció una eternidad (no sé ni cuánto tiempo pasó), apareció, subiendo la escalera eléctrica (el área de comida rápida está en el segundo piso de ese centro comercial) con mi niña en brazos.

Esa es la imagen más hermosa que guardo en mis recuerdos, tal vez igual que la primera vez que la vi, cuando nació.

Mi niña no lloraba; pero sí estaba asustada. Su papá la abrazaba como si se le pudiera escapar volando, y yo corrí hacia ellos. Llorando (porque nunca dejé de hacerlo en todo ese lapso) le dije que la amaba, que a dónde había ido, que nunca más volviera a irse de un lugar sin nosotros; todo esto casi al mismo tiempo.

Con su vocecita infantil, y su pronunciación de quien todavía no acude ni al preescolar, me dijo: "No los vi y me fui a buscarlos".

En los escasos cuatro o cinco minutos en que el papá de Cami y yo cambiamos las bandejas a otra mesa, ella nos buscó en donde estábamos antes; no nos vio, probablemente pasó muy cerca de nosotros mientras seguía buscando, cada vez más inquieta, pero nosotros tampoco la vimos, así que fue hasta donde estaban las escaleras eléctricas y las bajó, para ver si nos encontraba en el piso de abajo. Cuando su papá dio con ella, la pequeñita ya venía de regreso, subiendo por el otro lado las escaleras.

Así de simple. Así de rápido. Y la consecuencia pudo haber sido terrible.

Yo sentí que la sangre volvía a recorrer a toda velocidad mis venas.

El Programa de Apoyo a Familiares de Personas Extraviadas, Sustraídas o Ausentes de la PGR tiene registradas, a la fecha de esta consulta (22/07/2014), 371 niñas de 0 a 12 años en calidad de Extraviadas en todo el país.

**FUENTE:** http://www.pgr.gob.mx/SPDA/search/opera_consulta.asp

En un alto porcentaje de mujeres y niñas desaparecidas existe sospecha de ser víctimas de trata.(…)

Según cifras del Sistema Estadístico y Geo-Referencial Alerta Roja de la Coalición Contra el Tráfico de Mujeres y Niñas en Latinoamérica y el Caribe, de 206 personas reportadas como desaparecidas en 2012, 186 eran niñas y mujeres y 20, hombres y niños. (…)

La mayoría de las víctimas femeninas son adolescentes entre los 12 y 18 años de edad, seguido de niñas entre los 3 y 11 años, y de mujeres de 19 a 28 años.

**FUENTE:** *Informe anual de datos estadísticos y geo referenciados del Sistema Alerta Roja CATWLAC 2012.* http://www.catwlac.org/inicio/2013/10/18/informe-anual-de-datos-estadísticos-y-geo-referenciados/

Sobra decir que después de esta experiencia (de la que nunca hablamos con mis papás mi con la mamá del papá de mi niña; estábamos seguros de que, cual adolescentes que hacen una travesura, nos iban a poner como "lazo de cochino"), no perdíamos de vista a Cami cuando salíamos con ella. En particular, yo me volví muy paranoica y hasta compré una de esas correas que de un extremo se amarran a la cintura del niño y del otro son una pulsera que la mamá lleva como si de un perrito se tratara (yo, que siempre había estado en contra de esas cosas, porque me parecían humillantes para los pequeños).

Pero la verdad es que, como he dicho numerosas veces, mi niña pasaba mucho tiempo con mis papás. Es curioso cómo una, como madre, delega responsabilidades en los abuelos, con el pretexto de las ocupaciones profesionales. Obviamente cuando salía de viaje, su papá se quedaba en casa con Cami, pero la mayor parte del día eran mis papás quienes la cuidaban.

He dicho también que mi niña estableció un lazo muy fuerte con mi mamá casi desde que nació. Era lógico, porque de bebé era ella quien le daba de comer, le cambiaba el pañal, la mecía hasta que se quedaba dormida. Ahora no lo recuerdo exactamente pero estoy casi segura de que fue con mi mamá que dio sus primeros pasos. Pero conforme fue creciendo, también encontró en mi papá a un gran aliado, alguien con quien jugar hasta el cansancio, una presencia cómplice, siempre de buen humor, siempre paciente, a quien incluso podía "peinar" y "maquillar" a su antojo.

Cuando Cami estaba con ellos, me sentía tranquila. Sin temor a equivocarme, puedo decir que quizá abusé de esa circunstancia. Les impuse una carga que ya no era apropiada para su edad y su estilo de vida. Me explico: a mis papás siempre les ha gustado salir; disfrutan de ir a comer, al cine, al teatro, reunirse con amigos, de vez en cuando hasta ir a un concierto. También, cada que pueden viajan a Querétaro, en donde viven mis tías Martha,

Laura y Esther (hermanas de mi mamá), y Rosita (hermana de mi papá), y su esposo Jorge, a quien todos en esta familia queremos mucho. También les gusta conocer otros estados; por ejemplo, ya fueron a Chiapas, a Yucatán y a Quintana Roo (porque mi primo Miguel Ángel, al que llamamos Tato, que cuando nació Cami vivía en Londres, vive en Cancún desde hace cerca de siete años).

Así que por mucho amor que le tuvieran a mi niña, muy seguido el hecho de quedarse con ella interfería con sus planes. En momentos de rispidez, llegaron a decirme que mi trabajo determinaba la vida de todos los demás miembros de esta familia "ampliada". Por supuesto que no se los reprocho; creo que tenían mucha razón, pero en esa época me sentía atada a la circunstancia de tener que trabajar y ser mamá, sin opciones de ningún tipo.

Cierto es que el papá de mi niña la cuidaba cuando podía, pero también que, como he dicho, cuando veía la oportunidad se iba con sus amigos o a visitar a su familia al Estado de México, y se desentendía.

Así que la culpa me daba por partida doble: por no estar con mi niña el tiempo suficiente, y por quitarles los momentos de diversión a mis papás.

Otra gran fuente de apoyo en lo que respecta al cuidado de mi niña ha sido mi hermana. Aún cuando se convirtió en mamá (soltera, por elección), siempre que mis papás y el padre de Cami no podían quedarse con ella, Vale la cuidaba. En su tía (a la que nunca llama así, sino simplemente Vale), Camila encontró una amiga, una protectora, una consejera, alguien con quien sentirse segura y feliz. Conforme Pato y Cami fueron creciendo, mi hija encontró en casa de mi hermana otro motivo para estar a gusto: jugar con su primo. Y cuando mi hermana se dio cuenta de que un viejo amigo, Alfonso, se convertiría en su compañero de vida y padre de Pato por elección, mi niña estuvo mucho más contenta. Desde el principio mi cuñado la trató con mucho cariño, y ella, hasta la fecha, se siente bienvenida en su casa.

A veces quisiera corresponder a ese cariño y atención que le dan a mi Cami, invitando a Pato a comer o a dormir, pero a menudo mi trabajo me lo impide. Eso también, sobra decirlo, me ha generado culpa.

* * *

Pero la culpa de las madres no provoca más que angustia en los hijos. Esto no lo estoy inventando; me lo han dicho todos los psicólogos, terapeutas y psiquiatras que he consultado desde que nació mi Cami. Me han insistido en que la destierre de mi cabeza y de mi corazón, porque cuando los padres tenemos culpa por no estar el tiempo suficiente con los hijos queremos compensarlo con cosas materiales o dejándoles hacer lo que se les da la gana. Y ellos, angustiados, sin entender bien a bien la razón de nuestra actitud, se vuelven chantajistas y, eventualmente, tiranos.

El escritor y periodista Juan Villoro escribió alguna vez que, a diferencia de cuando él era un niño, que su mamá le decía: "hay huevos para desayunar"; los padres de hoy le ponemos a nuestros hijos todo un menú de opciones a su disposición: "¿qué quieres desayunar? ¿Huevos, hot cakes, quesadillas, fruta o waffles?".

Coincido con Villoro. Gracias a la culpa, esta madrastra odiosa que me ha perseguido toda la vida, Cami ha crecido con el derecho de elegir, no sólo lo que quiere desayunar, sino comer, vestir, la marca de crayones que quiere usar, el tipo de cuadernos, el programa de televisión que vemos (porque la tele está en la sala), la canción que quiere que le compre en iTunes, y con ello, la música que escuchamos en el carro.

Hasta que aprendí que había que ponerle un límite. A ella, y a mi culpa.

No digo que no esté bien que los niños tengan opciones, pero sí creo que somos una generación de papás que, como en la mayoría de los casos trabajamos mucho, pues así lo exige la economía doméstica de nuestros tiempos, vivimos concediendo todo a nuestros hijos porque la culpa y todo aquello que se espera de nosotros, como padres "modernos" y "políticamente correctos" nos apabulla.

Se nos olvida que un niño tirano, que cree que sus deseos están por encima de todos los demás, se vuelve un adulto egoísta, ególatra, irresponsable, a menudo frustrado, y eventualmente cruel.

# Adiós horarios extendidos, bienvenidos conflictos

Harriet se preguntó de nuevo por qué la trataban siempre como a una delincuente. Desde que había nacido Ben siempre había sido así, pensó. Ahora la parecía que ésa era la verdad, que todos la habían condenado en silencio.

*Doris Lessing*, **El quinto hijo**

Aunque se supone que debería empezar por hablar aquí de la primaria, la verdad es que los horarios de Cami, y por lo tanto nuestros hábitos, cambiaron por primera vez en el momento en que dejó la guardería para entrar al kínder. Nos decidimos por un colegio al sur de la ciudad que tenía prestigio de ser un espacio de libertad y creatividad. Fundado por exiliados españoles, tenía ya cuatro décadas de existir en México. Mucha gente nos había hablado maravillas de dicha escuela, y cuando fuimos a verlo nos encantó. Después sufriríamos una gran decepción, pero en el momento en que Cami entró a primero de Preescolar no teníamos motivos para sospecharlo.

Al cambiar los horarios de Cami, también nuestra manera de organizarnos: ahora ella entraba entraba a las 8 y salía a las 2 de la tarde. Claro que había talleres vespertinos en los que podíamos inscribirla, aunque había que pagarlos aparte. La entrada a las 8 no supuso gran conflicto (excepto porque el papá de Cami empezó a entrar a trabajar a las 7 am y yo, que siempre he sido una dormilona, tenía que levantarme una hora más temprano que antes para prepararle el desayuno, el lunch, vestirla, peinarla y llevarla). Pero la salida a las 2 de la tarde sí que repre-

La pasión por mi trabajo parecía haberse esfumado y siempre sentía que me cargaban la mano, que era la víctima de una especie de complot para trabajar más que los demás. Grave error: no se debe permitir la explotación laboral bajo ninguna circunstancia, pero no cabe duda de que si has decidido dedicarte en serio al periodismo y tienes suerte de estar contratada en una empresa (es decir, de no ser free-lance, o por lo menos no de tiempo completo) debes hacerte a la idea de que trabajarás mucho, y punto. Las jornadas extenuantes son lo cotidiano, así como el hecho de que los días feriados —mientras el resto del mundo se queda en casa a ver la tele, leer, cocinar, o simplemente quedarse en cama y no hacer nada el resto del día— no existen. Y con respecto a los fines de semana, desde entonces me toca trabajar un día (ya sea sábado o domingo) cada dos, o cuando mucho cada tres semanas. Pero así es este oficio, y a quien no le guste que mejor se dedique a otra cosa.

En esta etapa me convertí en un elemento conflictivo dentro del equipo de trabajo de Noticias. No sé cómo pudieron aguantarme mis compañeros, pues mi mal humor era permanente; ahora que lo pienso, agradezco a la vida que a Juan Jacinto no se le haya cruzado por la mente despedirme en esos años. O que si así fue, no lo concretara.

La verdad es que no había una razón de peso para sentirme tan mal, tan cansada y con tan poca energía, porque aunque Cami entraba ahora una hora antes a la escuela, tampoco eso justificaba mi fastidio y mi irritación permanentes: nada, excepto la depresión (aunque tardé algunos años en darme cuenta de ello y sobre todo en poder reconocerlo).

Me sentía incomprendida y enojada: sentía que el papá de mi Cami no me apoyaba lo suficiente (en esa época mi suegra empezó a enfermar cada vez más seguido, y él, por lo tanto, tenía más motivos para irse todos los fines de semana a visitarla y quedarse con ella en su casa).

Como he dicho, mis papás y mi hermana me reclamaban que no me hacía cargo de mi hija como debía, que no compartía sus pequeños logros con la atención y la alegría que se merecía, y es muy probable que tuvieran razón: mi vida no era para nada como me la había imaginado: una novela rosa, con mamá, papá e hija felices en un eterno ambiente idílico.

Aunque el cielo brillara con la intensidad de una eterna primavera provocada por el calentamiento global, yo todo lo veía siempre oscuro, y en los días menos malos, gris.

La depresión se puede describir como el hecho de sentirse triste, melancólico, infeliz, abatido o derrumbado. La mayoría de la gente se siente así una que otra vez, durante periodos cortos.

La depresión clínica es un trastorno del estado de ánimo. Los sentimientos de tristeza, pérdida, ira o frustración interfieren con la vida diaria durante un periodo prolongado.

**Los síntomas de depresión abarcan:**

- Estado de ánimo irritable o bajo, la mayoría de las veces.
- Pérdida de placer en actividades habituales.
- Dificultad para conciliar el sueño o exceso de sueño.
- Cambio grande en el apetito, a menudo con aumento o pérdida de peso.
- Cansancio y falta de energía.
- Sentimientos de inutilidad, odio a sí mismo y culpa.
- Dificultad para concentrarse.
- Movimientos lentos o rápidos.
- Inactividad y retraimiento de las actividades usuales.

había temas que discutir, asuntos por comentar, risas que compartir. Pero la parte amarga de este recuerdo es que Cami y yo siempre íbamos solas a esas reuniones. Mientras que las demás parejas eran eso: parejas que se divertían con sus hijos, todos en familia, en esas comidas con amigos, el papá de mi hija siempre ponía toda clase de pretextos para no ir con nosotros. Y nunca iba.

En ese tiempo, Cami empezó a tener mala conducta: estaba jugando con sus amigos y de pronto se enojaba (nadie sabía por qué), se separaba del grupo y se iba a un rincón a rumiar su coraje. Cuando sus amigos iban a pedirle que regresara a jugar con ellos, mi niña no los escuchaba, se tapaba los oídos y se volteaba hacia la pared. Muchas veces se quedaba así el resto de la reunión, o de plano se iba a jugar sola por otro lado, como si los otros cuatro niños (los dos de Mónica y los dos de nuestros amigos) no existieran.

Pero cuando le decía que ya nos teníamos que ir, se negaba rotundamente. A veces se escondía debajo de la mesa y yo, enojada como estaba, la sacaba arrastrando después de que tanto yo como Mónica habíamos tratado inútilmente de argumentarle que la próxima semana nos íbamos a ver una vez más, o que ya el lunes podría volver a jugar con sus amigos en la escuela, o miles de razones más. Obviamente en ese punto ya estaba haciendo un berrinche monumental, y yo me sentía cada vez peor: enojada, avergonzada, frustrada.

En retrospectiva, reconozco que mi angustia le provocaba angustia, que mi frustración la volvía necia, que mi desesperación se traducía en esos berrinches.

*   *   *

Cuando Cami estaba en tercero de preescolar, la maestra sugirió que la lleváramos con un oftalmólogo porque era probable que necesitara lentes: cada vez que había que copiar algo del pizarrón se tenía que parar de su pupitre y acercarse para poder distinguir las letras (sí, en tercero de kínder ya le estaban enseñando a escribir su nombre y una que otra palabra).

Recuerdo que en esa época Vale y Pato vivían en el departamento de abajo del nuestro. Ese mismo día le comenté a mi hermana lo que nos había advertido la maestra, y me dijo:

—Podemos hacer una prueba sencilla aquí en la casa.

Vale dibujó unas letras como de dos centímetros de alto en un papel que pegó en la pared. Le dijo a Cami que se colocara a una distancia de cerca de dos metros, y le preguntó qué letras eran. Mi niña no fue capaz de leerlas, en cambio su primo sí.

Sobra decir que la llevamos de inmediato con una oftalmóloga, que le hizo todas las pruebas necesarias y se sorprendió que no nos hubiéramos dado cuenta antes: mi pequeña tenía una seria deficiencia visual: miopía y astigmatismo. Le mandó lentes con una graduación muy alta: cuatro dioptrías en el ojo derecho y 4.5 en el izquierdo. Además nos dijo que Cami usaría los lentes toda la vida, a menos de que a los 18 años fuera viable para una operación.

Cuando la oftalmóloga vio nuestras caras de preocupación, quiso tranquilizarnos diciendo que en la adolescencia mi niña podría usar lentes de contacto, pues ya existían lentes blandos con las características que ella necesitaba. (En esa ocasión Cami y yo fuimos a la consulta con mis papás, que insistieron en acompañarnos porque el papá de mi niña tenía el turno de la tarde en el Canal).

Aunque a mi hija esto parecía no importarle, pues quizá no había entendido bien de qué se trataba todo ese enredo, yo me sentí muy triste. Pensé que crecería con una desventaja, pues con los lentes no podría correr, jugar ni brincar como los demás niños.

atrasada en su proceso de aprendizaje y lo mejor sería que cursara el año una vez más.

Le pregunté si no había tiempo de regularizarla por las tardes pero insistió en que no veía otra solución más que hacerla repetir el año. Incluso advirtió que iba a *recomendar* a la dirección de preescolar del colegio que *retuvieran* (esa palabra usó) sus documentos para que no se le promoviera a primaria.

Me puse a investigar y me enteré de que eso no era, siquiera, legal. Buscamos a la directora de preescolar y le expusimos el asunto, pero se puso del lado de la maestra y dijo que "siguiéramos su consejo", que estaba segura de que lo hacía por el "bien" de nuestra hija. Le pregunté si no habían pensando en las consecuencias que aquello tendría en la autoestima de mi niña, y ya ni siquiera recuerdo qué me contestó (en ese punto ya estaba muy enojada), pero evidentemente o no lo habían pensado o no les importaba. En ese momento me levanté y le exigí que me entregaran los documentos de mi niña al final del ciclo escolar porque la íbamos a cambiar de escuela.

Afortunadamente, uno o dos meses después inició el proceso de admisión en una escuela en la que habíamos pensado antes de inscribir a Cami en aquel colegio, porque Vale había dado un taller de lectura ahí.

El proceso iniciaba cuando el aspirante pasaba dos o tres jornadas escolares completas con el grupo con el que iba a entrar al siguiente año escolar (a Cami le correspondió estar con los niños de tercero de preescolar). Una vez concluido ese paso, que se llamaba "adaptación", la maestra a la que le había tocado recibir al alumno en su grupo hablaba con los papás para darles un diagnóstico del nivel de conocimientos que traía el niño, y después recomendaba, o no, a la dirección que se le aceptara. Mi niña pasó todo el proceso sin problemas, y salimos de ahí con la tranquilidad de saber que ingresaría a una comunidad escolar mucho más pequeña (a diferencia del colegio, aquí había sólo un grupo por grado), en donde seguramente conocería mejor a sus compañeros y maestros y le prestarían más atención.

En julio de ese año terminó el ciclo de Cami en ese colegio, en el que, debo decir, fue feliz. Lamenté mucho que ya no tuviera más a los hijos de Mónica por compañeros, pero estaba segura de que nuestra amistad (la mía con Moni, y la de Cami con sus niños) era tan sólida que resistiría la prueba de la distancia cotidiana.

Y con enorme alegría puedo decir que así ha sido.

# 7

## La primaria y una muerte en la familia

—¿Y la niña?—le preguntó.
—La niña es mi hija —dijo Concepción, y le descubrió la cara.
—¡Hermosa! Con su piel tan rosada.
Flor dormía con la boca abierta. Concepción se la cerró y la pequeña, sin dientes, empezó a hacer pucheros como si fuera a llorar.

**Alejandro Páez Varela. *Música para perros***

En agosto de 2010 mi Cami empezó la primaria en una nueva escuela. Parecía tener bastantes ventajas con respecto al colegio anterior, y la más importante (en términos prácticos) era el horario: entraba a las 8:30 y salía a las 3, porque los talleres eran de 2 a 3, obligatorios e incluidos en el precio de la colegiatura.

Pero, por supuesto, no todo en la vida es como caminar sobre algodones: el papá de mi niña había renunciado al Canal 22 porque le habían dicho que había una plaza en otro lado, en donde podría desarrollar más sus habilidades y conocimientos de iluminación y audio, y tendría una mejor paga. De inmediato fue a entrevistarse con la gente de Recursos Humanos de ese lugar, y lo aceptaron. Todo parecía marchar mejor durante los primeros meses, hasta que los horarios empezaron a ser un problema: a veces le tocaba no sólo supervisar la instalación de sistemas de audio e iluminación en eventos por la mañana o a mediodía, sino también de bodas u otro tipo de fiestas que duraban toda la noche. Sus jornadas laborales se volvieron extenuantes: entraba un día a las 6 de la tarde, y salía al siguiente a las 11 de la mañana, o más tarde si había un desayuno de negocios.

El vitiligo es una enfermedad cutánea en la cual hay una pérdida del color (pigmento) café de áreas de la piel, ocasionando parches blancos e irregulares que se sienten como piel normal.

*Causas*

Parece ocurrir cuando las células inmunitarias destruyen las células que producen el pigmento de color café (melanocitos). Se piensa que esta destrucción se debe a un problema inmunitario, pero la causa se desconoce. El vitiligo puede aparecer a cualquier edad.

*Síntomas*

Áreas planas de piel que se sienten normales y sin ningún pigmento aparecen de manera repentina o gradual. Éstas tienen un borde más oscuro. Los bordes están bien definidos pero son irregulares.

Con mayor frecuencia afecta la cara, los codos y las rodillas, las manos y los pies, al igual que los genitales. Asimismo, a ambos lados del cuerpo por igual.

No se presenta ningún otro cambio cutáneo.

**FUENTE:** Medline Plus. Un servicio de la Biblioteca Nacional de Medicina de Estados Unidos. http://www.nlm.nih.gov/medlineplus/spanish/ency/article/000831.htm

Aceptar que me faltó ser más tolerante es decir poco. Siempre he sido muy trabajadora y, como cualquiera, me canso, pero no dejo de hacer las cosas que tengo que hacer. Lo malo es que la misma exigencia que me pongo, quiero que la tengan los demás. Supongo que soy un poco neurótica.

Así que los problemas se agudizaron porque había días en que el papá de Cami simplemente no se podía levantar para ir a trabajar y yo me enojaba muchísimo; le reclamaba y le decía que qué iba a hacer si lo despedían. Finalmente se levantaba y se iba, supongo que odiándome un poco más cada vez.

Sobra decir que con esos horarios de trabajo, ni él ni yo podíamos atender las reuniones de padres de familia o los festivales de la escuela de Cami. Esto, por supuesto, hacía que el ambiente en casa se volviera una roca muy difícil de cargar, aún entre dos.

Hoy soy capaz de aceptar esto; la vida me ha traído la serenidad que siempre quise tener, pero en ese entonces sólo me regodeaba en el papel de víctima y pensaba que si las cosas andaban mal era por culpa de él y sólo de él.

Lo peor de todo era que, por supuesto, toda esta situación estaba afectando seriamente a Cami.

*   *   *

Con su ya bien definida fortaleza de carácter (a pesar de su corta edad), mi niña había conseguido hacer amigas casi desde los primeros días en que entró en la nueva escuela. Quizá sólo había pasado una semana cuando la mamá de una de sus nuevas amiguitas (que con el tiempo se convertiría en *la* mejor) me llamó para decirme que si le daba permiso de ir a comer a su casa.

Primero dudé un poco (es lo que provoca vivir en una ciudad como ésta y en un país como éste, y además estar enterada de muchas más cosas que el común de la gente por ser reportera), pero Cami insistió tanto que acepté.

A pesar de sus problemas, Cami aprendió a leer y a escribir en un tiempo que podría calificarse de récord. Todo lo que no hizo en tercero de preescolar, sucedió en poco más de un mes en primero de primaria. Mi niña, que al final de su último año de kínder tenía pesadillas con letras gigantes que la perseguían, pronto estaba escribiendo y leyendo mucho más que sólo su nombre.

Pero las cosas se complicaban cada vez más en casa: la abuela paterna de mi niña estaba cada vez más enferma, por lo que él tenía que ausentarse (de la casa y del trabajo) con más frecuencia para cuidarla durante toda la noche en el hospital, hasta que el 11 de febrero de 2011 la señora murió.

*   *   *

No exagero si digo que a partir de ahí el papá de mi hija nunca volvió a ser igual. Si de por sí ya estaba muy estresado por el trabajo, cuando murió su madre se sumió en una indiferencia que lo cubría por completo, como si llevara una armadura medieval.

Cami tenía seis años; creo que todavía no alcanzaba a comprender bien la dimensión de lo que había ocurrido, y además había conocido realmente poco a su abuela. Al contrario de lo que sucedía con mi mamá, con quien cada vez estrechaba más sus lazos.

De lo que mi niña sí se daba perfecta cuenta era de que su padre había cambiado mucho. Su reacción fue portarse cada vez peor: en casa era más rebelde y respondona, aunque hay que reconocer que, como he mencionado, en la escuela estaba haciendo progresos, por lo menos en cuanto a escritura y lectura.

Poco tiempo después, el abuelo de mi hija reapareció en la vida del papá de Cami y en la de sus hermanos. Hasta ese momento no había sido precisamente, un ejemplo de lo que debe de ser un padre: había abandonado a sus ocho hijos y a su mujer para iniciar otra familia. Así que no fue fácil que lo perdonaran. Pero lo intentó con ahínco, quizá porque sentía que ahora que la madre ya no estaba él tenía que hacerse responsable de sus hijos, aunque ya fueran todos adultos. El papá de Cami era el menor de los hermanos, y en ese entonces tenía 30 años.

Muchas cosas cambiaron con la reaparición de mi suegro. La primera y más radical fue que convenció a su hijo de que dejara el lugar en donde trabajaba para poner un negocio, para lo que contaría con todo su apoyo. El padre de mi niña no lo pensó dos veces y yo decidí apoyarlo (aunque temblaba pensando en cómo le iba a hacer para mantener nuestro hogar solamente con mi sueldo mientras el negocio arrancaba).

El señor tenía un terreno que pronto acondicionaron para que funcionara como auto lavado. Compró el equipo necesario y contrató a muchachos de la zona como lava carros. Lo malo (para nuestra pequeña familia) es que el terreno estaba en el Estado de México, y eso significaba que el papá de mi hija tenía que irse a vivir allá para supervisar el negocio.

Como una red que el tiempo ha desgastado, nuestra familia se empezó a resquebrajar. Aunque estábamos de acuerdo en que sólo estuviera con nosotros los fines de semana, Camila empezó a extrañar mucho a su papá, y yo, por el contrario, me sentía menos estresada cuando él no estaba. Al menos no tenía con quién pelear y podía dedicar mis tiempos libres a ver la tele con mi niña o a leer juntas.

El padre de mi hija llegaba cansado y frustrado los fines de semana. El auto lavado tardaba en arrancar; era difícil hacerse de clientela. Y además, sentía la presión de aportar dinero. Las pocas horas que estábamos juntos, peleábamos y ni siquiera nos cuidábamos de no hacerlo frente a Cami, que por su carácter firme parecía no afectarse por esa situación. Subrayo *parecía*, porque debajo de esa aparente indiferencia, mi pequeña hija

cía en persona. Puedo decir que la oportunidad de hacer amistades es otra de las cosas que más valoro de esta profesión. En dos días, Laura y yo ya nos estábamos contando nuestras vidas; junto con el camarógrafo Armando López (también gran amigo desde hace más de 12 años), y Luz María Sánchez, artista visual y sonora que entonces era la directora de Canal 22 Internacional, recorrimos a pie las calles del Downtown, comimos la mejor comida japonesa que he probado y, por supuesto, trabajamos como locos esos cinco días intensos.

Las risas y confidencias que compartí con Laura sembraron el origen de una relación que, a pesar de no vernos muy seguido, puedo calificar de amistad. Es un ser lleno de vida, risueña a más no poder, promotora de la lectura y apasionada por el futbol. A pesar de haber nacido en España, lleva más de una década de vivir en México y de hacer televisión cultural, por eso es una persona ya conocida, tanto en el medio como en el deportivo.

Laura me acompañó a Macys a elegir una muñeca Monster High para mi niña, con quien hablaba por Face Time todas las noches. Me sentía muy feliz de verla a través de la pantalla del iPad, recién bañada, con su pijama y muchas veces acabando de cenar.

—¿En Los Ángeles está Hollywood, mamá? —me preguntó en una de esas sesiones de videollamada.

—Sí, mi amor.

—¡Ay, qué padre! ¿La próxima vez me llevas? —dijo con esa boquita de puchero que pone cuando quiere conseguir algo a toda costa.

Le respondí que haría lo posible; pero que por lo pronto ya le tenía un regalito que le iba a encantar. Eso la dejó satisfecha... por el momento.

Todavía no cumplo esa promesa, pero ese viaje, y llevarla a Nueva York y a Europa, están entre mis principales objetivos.

Creo firmemente que quien viaja tiene una visión mucho más amplia del mundo, por supuesto, pero también de sí mismo. Eso quiero para mi niña.

Esos días de mayo que pasé trabajando en Los Ángeles fueron un remanso para mi depresión.

\* \* \*

Ese año también empecé a sentir la necesidad de trabajar más, no solamente para aumentar los ingresos de mi familia, sino porque me urgía probar otras maneras y formatos de hacer periodismo. La televisión es apasionante; el poder contar historias con la imagen es una aventura en la que siempre hay que estar experimentando, pero en ese momento sentía que su brevedad e inmediatez me dejaban insatisfecha. Quería desarrollar reportajes largos, con investigación y entrevistas suficientes, con un tiempo de redacción mínimo de un día, sobre los temas que me interesaban: sí, la cultura, siempre la cultura, pero también los derechos humanos (y quizá por la situación de pareja en la que vivía desde hace meses), la violencia contra las mujeres.

Así que un día le escribí a un amigo, a quien realmente conocía poco, que estaba iniciando un proyecto periodístico online que me parecía extraordinario: directo, plural, sin autocensura, y en donde tanto los temas literarios, de teatro, música, artes visuales, danza y cine, como los de derechos humanos y género, ocupaban un lugar importante. Este hombre, periodista y escritor nacido en Ciudad Juárez, y ya con una larga carrera y prestigio en la Ciudad de México, se llama Alejandro Páez Varela. Y gracias a que leyó mi blog y le gustaron algunos temas que le propuse, empecé a colaborar para Sinembargo.MX a mediados del 2011.

Esta nueva oportunidad laboral, que desarrollaba al mismo tiempo que el trabajo como reportera en Canal 22, me hizo ganar mucho en términos de autoestima y seguridad en mí misma. Me di cuenta de que podía escribir sobre lo que me interesaba, y contribuir con ello a abordar temas que muchos medios no tocaban.

Aunque trabajar para Sinembargo.MX ocupaba horas de mi ya escaso tiempo libre para realizar las entrevistas, investigar y redactar los reportajes, lo que significaba pasar menos tiempo con mi niña, también era una entrada de dinero extra, que no nos caía nada mal. Sentí que por fin la crisis personal y económica en la que me encontraba, empezaba a llegar a su fin.

# Ana Gómez

**Ceramista, escultora, artista plástica | Madre de una niña**

Ana Gómez es la compañera de vida del socio y gran amigo de mi cuñado Alfonso, Mateo. A pesar de que nos conocemos poco, aceptó mi propuesta de entrevistarla para este libro. Una tarde nublada de agosto llegué a su casa en la colonia Juárez. En la sala de su casa, acompañadas de la bella Ángela, su hija de poco más de un año de edad, comenzamos a hablar sobre la maternidad y su trabajo como artista plástica.

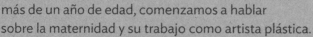

Empecé en la cerámica hace aproximadamente 17 años. Pero no lo hacía de lleno, lo combinaba con el diseño gráfico, porque yo tengo formación de diseñadora gráfica.

La cerámica no es la única técnica que manejo, pero sí es una constante en mi trabajo, y es con lo que mucha gente me identifica, aunque he hecho trabajo de otro tipo, que incluso no tiene que ver con lo objetual, que puede ser esto que le llaman arte interrelacional: tiene que ver con intervención de espacio público, o trabajo con personas, donde el resultado no es un objeto o una obra plástica, sino la interrelación que surge de los movimientos que se detonan a partir de ciertas acciones en el espacio público, con la gente.

Curiosamente, para mí era una ventaja ser independiente, no tener un horario fijo o tener que estar en una oficina o en cualquier lugar checando tarjeta. Pensé que el hecho de que me adaptara a ser mamá y ser mamá a mi rol de trabajo porque yo dispongo de mi tiempo, sí tengo compromisos pero puedo negociar, a veces, fechas.

Me parece que las mujeres que tienen un horario de trabajo fijo, y que aunque quisieran estar con sus hijos tienen que trabajar para obtener un recurso, me parece que es más duro en su caso: tener que cumplir una jornada de ocho horas, dejar a sus bebés incluso a los 40 días de nacidos...

Ángela ahorita tiene un año dos meses, y prácticamente está conmigo, incluso cuando voy a dar talleres. Por ejemplo, me invitaron a dar un taller en una comunidad en Oaxaca y ella tenía tres meses, y me la llevé conmigo y di el taller con ella. La tuve todo el tiempo conmigo porque la amamanté hasta los 11 meses. Entonces a los tres meses era o comer de mí o comer de mí cada tres horas. Para mí no era práctico pensar en dejarla con alguien y tener que dejar mi leche, aunque lo podía hacer de repente por unas horas. ¿pero ya pensar en una semana de trabajo?, y sí, unas seis horas de trabajo con artesanos de Oaxaca para enseñarles ciertas técnicas, me resultaba más práctico llevármela conmigo y tenerla conmigo. Y eso ha sido una experiencia muy enriquecedora para mí y yo creo que para ella también, porque hoy por hoy la gente me dice: "es que es muy sociable y no es huraña". Creo que tiene que ver con eso: que está conmigo mucho tiempo y me la llevo a mis actividades.

Mateo, mi pareja y el papá de Ángela, y yo, somos un equipo. Siempre hemos pensado así, en apoyarnos. Él también es independiente, trabaja por su cuenta y eso también es otra ventaja.

Él también sabe darle de comer a Ángela, también sabe cambiarle el pañal. Entonces, por ejemplo ahora que fui a dar un taller a San Luis Potosí, él va conmigo. Vamos los tres y en el horario en el que no hay que dar taller ya estoy yo más con ella o paseamos, aprovechamos un poco de viaje juntos, y cuando estoy dando el taller, él está a cargo de ella.

Ser mamá es muy demandante. Es de tiempo completo y no se acaba. Y a veces aún con ayuda hay momentos en que es cansado. Es muy gratificante pero también es agotador porque demanda mucha energía.

Fui mamá a los 39 años; estamos hablando de que mi mamá tiene 76. No la tengo conmigo, aunque cuando está, me ayuda feliz. Pero también su energía ya es otra. A veces aunque quisiera colaborar cuidando a Ángela, no siempre es posible.

# La separación: ¿cómo le hago para no romper su corazón?

Esta familia que ves
sabe arreglárselas bien
desde que Manfredo Almada,
sin decir cómo ni con quién,
tomó un billete de cien
y se fue como si nada.
—Voy por huevo, medio queso,
un par de ajos y cajeta.
Cargó suéter y maleta,
pero no dijo "Regreso".
Todo comenzó de nuevo
cuando pasaron los días
y Manfredo no venía
(ya no digamos el huevo).
—¿Qué hacemos? —dijo la madre.
—Lo de siempre —dijo el hijo.
—Siempre hicimos lo que él dijo
—la madre dijo del padre.

**Alfonso Ochoa y Valeria Gallo.** *Esta familia que ves*

A mediados de 2012 las cosas entre el papá de Cami y yo estaban cada vez peor. Sólo venía a visitarnos los fines de semana, y a veces ni siquiera en esos días. Sentía que si no me traía dinero me iba a molestar (lo que muy probablemente sucedería), así que terminaba poniendo toda una serie de pretextos para no venir. Cami se quedaba esperándolo toda la tarde del viernes, sentada en la sala, viendo la tele como lo hacía con él. Cuando me avisaba que ya no iba a venir, inventaba algo para que mi niña no se sintiera tan mal: por ejemplo, "tu papá tuvo que quedarse a trabajar en el auto-lavado porque no había suficientes lavadores". Por supuesto que esto no la consolaba, y siempre se ponía a llorar, así que yo improvisaba algo, como pedir pizza y ver una película juntas, o ir a visitar a mi hermana Vale y su familia. Parece que a Cami se le pasaba pronto la tristeza, porque siempre ha sido una niña muy orgullosa, que sabe guardarse lo que le lastima, pero yo la conozco demasiado bien como para saber que no era así. Sufría mucho. En silencio, pero mucho. Y ni su papá ni yo nos atrevíamos a ponerle fin a esa situación. Creo que los dos estábamos paralizados por el miedo.

Un viernes por la noche le pedí a mis papás que se quedaran con Cami para invitarlo a cenar y hablar a solas con él. Nos quedamos de ver en un restaurante italiano que me gusta mucho, muy cerca del centro de Coyoacán. Venía desde el Estado de México, y me hizo esperarlo una hora. Cuando llegó, al verlo tan guapo con su cabello lacio, hasta los hombros, su piel blanca en contraste con una camisa negra, lo perdoné de inmediato. Pensé que todavía podíamos encontrar una solución como pareja.

Sin embargo, en cuanto empezamos a platicar me di cuenta de que no era así: una de las primeras cosas que me dijo fue: "Eres muy guapa; exitosa en tu profesión. Tienes 40 años, todavía estás a tiempo de encontrar a alguien más".

Me quedé de piedra. Tragué saliva y me mordí la lengua para no llorar. Le dije que yo lo quería a él y que teníamos una hija hermosa por quién luchar para permanecer juntos. Me miró con tristeza. Me tomó de las manos por encima de la mesa y me dijo que no me preocupara, que todo iba a estar bien. Que era un estúpido por haber dicho eso.

Cenamos en relativa calma, pero algo definitivamente se había roto.

\*   \*   \*

Yo seguía trabajando para Canal 22 y al mismo tiempo colaborando para Sinembargo.MX; además, a mediados de año empecé a escribir también en la revista *Variopinto*, fundada por Ricardo Ravelo, periodista especializado en temas de seguridad nacional y dirigida por él y por su esposa, Denixe Hernández. Edgar Krauss —editor, escritor y periodista, que en los comienzos de la revista era el editor en jefe— me invitó a colaborar y yo acepté feliz; entre más espacios se me abrieran para escribir sobre los asuntos que me interesaban, más plena, por lo menos en lo profesional, me sentía. *Variopinto,* como su nombre lo indica, no sólo toca temas políticos, de narcotráfico y seguridad, sino también publica colaboraciones sobre literatura, poesía, cine, ciencia, derechos humanos, género, viajes y hasta cocina gourmet.

Fueron buenos tiempos en lo económico, pues con las colaboraciones en estos dos medios había meses en que lograba duplicar lo que ganaba en Canal 22. En contraste, como dije, la situación en casa era muchas veces insostenible.

En mayo recibí una buena cantidad de dinero por concepto de regalías de un libro que escribí en coautoría con mi papá: *Transformar mi comunidad,* así que decidí que como regalo de cumpleaños para Cami podríamos llevarla a Playa del Carmen. El papá de Cami aportó otra cantidad, y reunimos más que suficiente. Creo que también tenía la esperanza de que las cosas mejoraran entre él y yo, cosa que, por supuesto, no sucedió. Es muy difícil saltar al otro lado cuando el precipicio es cada vez más grande.

\* \* \*

A pesar de todos los malos pronósticos, el viaje resultó de lo más agradable para los tres. Quizá sabíamos, en el fondo, que nos estábamos despidiendo. O tal vez el mar obró el milagro momentáneo de la felicidad. El caso es que mi niña celebró sus ocho años de edad en compañía de sus padres, en uno de esos estados que casi tocan lo perfecto, aunque uno sepa que son efímeros.

La tarde que llegamos no paraba de llover. Era una de esas tormentas tropicales que suelen azotar al Caribe en junio. Mientras el *bell boy* nos acompañaba a la habitación con nuestro equipaje, decidimos que teníamos dos opciones: quedarnos encerrados a lamentar nuestra mala suerte, o ponernos los trajes de baño e ir a la playa a pesar de la lluvia.

Nos decidimos por la segunda, y la experiencia fue maravillosa. El cielo estaba gris y el mar ligeramente picado, pero los tres nos tomamos de la mano y reíamos como chamacos mientras nos mojábamos por arriba y por abajo. Era una sensación estimulante estar en el mar a pesar de los letreros que advertían "No nadar con tormenta". Claro que tampoco éramos unos irresponsables y permanecimos muy cerca de la orilla, pero esto no le quitaba lo excitante a nuestra pequeña aventura.

Al día siguiente dejó de llover. El sol salió con gran intensidad y pudimos ver, ahora sí, el contraste de la arena blanca, como talco, con el azul turquesa y los distintos tonos de verde del mar, según se va perdiendo en el horizonte.

Estuvimos en la playa y en la alberca hasta que terminamos rojos como jitomates (a pesar del bloqueador solar), y hambrientos como náufragos.

En esa época mi primo Miguel Ángel (Tato) ya vivía en Playa del Carmen, así que la noche en que mi Cami cumplía ocho años nos llevó a cenar a un restaurante delicioso: una fusión de cocina italiana (pastas, pizzas, ensaladas) con comida del mar.

Ordenamos una botella de Pinot Noir para acompañar los manjares, y hasta el papá de Cami, que casi no bebía y cuando lo hacía era sólo cerveza, nos acompañó con gusto. El vino y la cena estaban deliciosos, y mi niña era feliz. Quién sabe qué pasaría después, pero en ese momento no importaba. La noche calurosa, el sonido del mar, las luces en la Quinta Avenida de Playa del Carmen, la conversación alegre, el olor y el sabor de la comida y, sobre todo, la sonrisa de Camila estaban por encima de cualquier mal presentimiento.

Al día siguiente llevamos a nuestra pequeña a nadar con delfines (con lo que se ahora sobre el maltrato que sufren esos animales en el proceso de entrenamiento, no lo hubiera hecho, pero en esos momentos lo ignoraba).

Aunque le daba miedo la cercanía con los lobos marinos y los delfines, Cami la pasó muy contenta; incluso salió de ahí con un lobo marino de peluche al que se le apretaba una aleta y hacía un sonido idéntico al del animalito.

Pensé que si el paraíso de verdad existiera, debía de ser como esos días en la playa, los tres juntos, imaginando que teníamos un futuro.

* * *

La ilusión se terminó muy pronto. Regresamos de Playa del Carmen el 24 de junio, y 15 días después el papá de Cami y yo tuvimos una discusión muy fuerte. Ahora intento recordar los detalles, pero se esconden en la neblina negra de los sueños. No sé ni por qué empezamos a subir la voz; pero de pronto vi que mi niña se ponía los audífonos para no escucharnos. Yo le pedía que dejara de gritar y él estaba cada vez más furioso; no se podía contener. De pronto, no sé cómo ni por qué, me arrojó a una mecedora que teníamos (en cuanto pude me deshice de ella para no volver a verla nunca más). No me golpeé seriamente pero me quedé estupefacta. Cami empezó a llorar a gritos y él mismo llamó a mi mamá para que viniera a recogerla. Cuando llegó, no sé en qué momento había sucedido, yo tenía un cuchillo de la cocina en la mano. Ella se apresuró a quitármelo y luego se llevó a mi hija, que estaba cada vez más angustiada.

Nunca amenacé al padre de mi niña con el cuchillo, pero el caso es que lo agarré. Ignoro si quería lastimarlo o herirme. Todo lo veía color rojo, la cabeza me latía sin control y no escuchaba nada.

En cuanto mi mamá se fue, él salió por la puerta. Nunca más volvió a entrar.

* * *

Tampoco recuerdo con claridad los días que siguieron. Sólo que mi hija lloraba y preguntaba cuándo regresaba su papá. Traté de explicarle que más adelante, cuando todos nos sintiéramos mejor, él vendría por ella para llevarla a pasear, incluso se podría quedar a dormir en su casa, pero que ya no volveríamos a vivir juntos porque ya no podíamos estar sin pelear, y eso no era nada bueno para nosotros y mucho menos para ella.

Pero Cami sólo repetía entre lágrimas: «quiero que regrese mi papá», y yo no sabía que responder; me partía en mil pedacitos, como si fuera de vidrio. Nunca me había sentido más inútil y desvalida.

Está sobradamente reconocido que el comportamiento de los hijos después del divorcio depende de la calidad del contexto familiar durante el periodo tormentoso de la separación de los padres.

- Es importante explicar a los hijos que ellos no son los culpables de las peleas entre sus padres.
- Es importante tener en cuenta las características personales de los hijos: los efectos de los conflictos conyugales dependen de las diferencias individuales de los niños, ya que no todos son igualmente vulnerables a los desacuerdos familiares.
- Los niños no son elementos pasivos y su forma de reaccionar puede aumentar el conflicto conyugal.
- Los padres en conflicto no acostumbran a mantener buenas relaciones con los hijos y su forma de ejercer la paternidad suele fluctuar entre la permisividad y la exigencia.

- El clima emocional de la familia es de suma importancia.

  En consecuencia, cómo los padres afrontan y resuelven los conflictos constituye un modelo muy valioso para los hijos; conviene pues, manejar estas situaciones de forma positiva y constructiva para fomentar en ellos hábitos adecuados con los que hacer frente a los conflictos.

  **FUENTE:** María Sureda Camps. *Cómo afrontar el divorcio. Guía para padres y educadores*. Madrid: Workers Kluwer, 2007.

Los días y semanas siguientes también estuvieron envueltos en una nebulosa. Aparentemente me sentía tranquila (o al menos me comportaba como si lo estuviera porque creía que tenía que estarlo por Cami), pero hubo un acontecimiento que no me dejaría olvidar una de esas noches.

Estando ya acostada y muy cerca de quedarme dormida, me empezó a dar taquicardia. Me incorporé hasta quedar sentada porque al mismo tiempo sentí que no podía respirar, y eso sí me provocó mucha angustia. Luego me di cuenta de que las palmas me sudaban frío. Entonces sí me asusté mucho y quizá pasaron sólo un par de minutos antes de que se me ocurriera contactar a una amiga que me había dicho que había padecido ataques de pánico.

Por supuesto que no sabía si se trataba de lo mismo, pero no se me ocurrió nada más. Cami dormía tranquilamente a mi lado en la cama, y no quería despertarla.

Me levanté por mi celular y vi que eran las 2 de la mañana. Decidí mandarle un mensaje porque pensé que era una locura marcarle a esa hora.

Afortunadamente estaba despierta porque me respondió en seguida, y no por mensaje, sino que me marcó.

Me dijo que me acostara en una superficie dura; en el suelo, por ejemplo. Luego, que pusiera el brazo izquierdo al lado del cuerpo. Mientras oía su voz diciéndome que respirara desde el vientre, no con los pulmones, me sentía un poco mejor. Poco después pude volver a respirar bien, y ya no sentía que el corazón se me iba a salir. Mi amiga me dijo que tratara de dormir y que me diera a la tarea de buscar a un psiquiatra porque lo que había tenido era, muy probablemente, un ataque de pánico.

Mis papás, que siempre me han apoyado en todo y han tenido que lidiar durante años con mi depresión intermitente, se preocuparon mucho y junto con mi hermana Vale me ayudaron a buscar ayuda profesional.

En menos de una semana (durante la cual los ataques continuaron pero ya no me asustaba tanto y trataba de dominarlos con la técnica de respiración que me había enseñado mi amiga) ya habíamos dado con un psiquiatra que atendió a una conocida de Vale. En cuanto conseguí cita, corrí a verlo.

Se trataba de un excelente especialista, pero sobre todo, un hombre amable, cálido, bromista, que te hacía sentir inmediatamente en confianza. El Dr. Ricardo Gallardo Contreras me recibió como si me conociera de años. Primero empecé a contarle los síntomas que había tenido las noches anteriores y me confirmó que se trataba de un ataque de pánico.

> Una crisis o ataque de pánico comienza de repente y con mucha frecuencia alcanza su punto máximo al cabo de 10 a 20 minutos. Algunos síntomas pueden continuar

durante una hora o más. Un ataque de pánico se puede confundir con uno cardiaco.

Los ataques de pánico pueden incluir ansiedad respecto a estar en una situación donde un escape pueda ser difícil (como estar en una multitud o viajando en un auto o autobús).

Una persona con trastorno de pánico a menudo vive con miedo de otro ataque y puede sentir temor de estar sola o lejos de la ayuda médica.

Las personas con trastorno de pánico tienen por lo menos cuatro de los siguientes síntomas durante un ataque:

- Molestia o dolor torácico
- Mareo o desmayo
- Miedo a morir
- Miedo a perder el control o de muerte inminente
- Sensación de asfixia
- Sentimientos de separación
- Sentimientos de irrealidad
- Náuseas y malestar estomacal
- Entumecimiento u hormigueo en manos, pies o cara
- Palpitaciones, frecuencia cardiaca rápida o latidos cardiacos fuertes
- Sensación de dificultad para respirar o sofocación
- Sudoración, escalofrío o sofocos
- Temblor o estremecimiento

Los ataques de pánico pueden cambiar el comportamiento y desempeño en el hogar, el trabajo o la escuela.

> Las personas con este trastorno a menudo sienten preo-
> cupación acerca de los efectos de sus ataques de pánico.
>
> **FUENTE:** Medline Plus. Un servicio de la Biblioteca Nacional de
> Medicina de Estados Unidos. NIH. Institutos Nacionales de la
> Salud. Recuperado de: http://www.nlm.nih.gov/medlineplus/spa-
> nish/ency/article/000924.htm

Me preguntó si había tenido ataques antes o si había sucedido algo que, a mi modo de ver, lo había desencadenado. Le
respondí que a lo largo de mi vida había padecido depresión
intermitentemente, pero nunca me había dado un ataque de
pánico; por supuesto, le conté todo lo ocurrido con el papá
de Cami, sin omitir ningún detalle.

Mientras hablaba me di cuenta de que las lágrimas me llega-
ban a la comisura de los labios. Creo que unos momentos después de que él cerró la puerta aquella noche horrible, no había
llorado una sola vez. Pero ahí, en el consultorio, frente a un desconocido, se rompió una presa y todo lo que estaba podrido se
desbordó durante los 50 minutos que duró la consulta.

Me recetó un ansiolítico y un antidepresivo que, como todos
los medicamentos de liberación prolongada, tardaron aproximadamente un mes en empezar a hacer efecto.

\* \* \*

Mientras los ataques de pánicos desaparecían, mi pequeña seguía
triste y enojada. Yo sentía que me culpaba de que su papá se
hubiera ido, porque apenas me dirigía la palabra, y a menudo me
respondía groseramente. Sus hermosos ojos color miel se veían

apagados detrás de sus lentes de armazón blanco. Su boquita redonda a menudo estaba fruncida, en gesto de enojo. Me sentía frustrada porque veía cómo nos alejábamos un poco más cada día, y todo lo que intentaba para que esto no sucediera fracasaba estrepitosamente.

Había pasado a tercero de primaria y era la primera vez que tenía un maestro varón de tiempo completo. Antes sólo había tenido maestros en educación física y en taller de teatro. Poco después de haber empezado el año escolar, su maestro me mandó llamar.

Antes de que me preguntara cualquier cosa, le conté cómo estaba la situación en casa, y me respondió que lo intuía porque Cami era agresiva, no se estaba relacionando fácilmente con sus compañeros, no participaba en clase y parecía estar siempre enojada.

El maestro volvió a sugerir lo que ya me habían dicho antes: que la llevara con un especialista, así que ahora no lo dudé más.

Susana Bastian es una terapeuta especializada en niños. Trabaja mucho con el cuerpo en movimiento y la creatividad. No receta medicamentos porque es psicóloga, no psiquiatra, y eso fue muy importante para elegirla: si bien a mí me estaban cayendo bien las medicinas que me había recetado el Dr. Gallardo, no quería que mi niña, a su edad, tuviera que estar medicada.

Me habían recomendado a Susana ya bastantes veces (tanto la maestra del año anterior, como algunas otras mamás de la escuela), así que hice una cita con ella.

Cuando le llamé, me pidió que primero acudiera yo sola, para que la pusiera en contexto de la situación de Cami sin que ella estuviera presente, así que en nuestra primera cita tuve que repetir la misma historia, añadiendo cómo se había modificado la conducta de mi niña a raíz de la separación de su padre y yo.

Susana me dijo que estaba lista para conocerla; la siguiente sesión iríamos las dos juntas, y de ahí en adelante sólo Cami.

\* \* \*

Llegó el día en que acudimos juntas a la cita con Susana. De primera impresión, a Cami le cayó muy bien. Es una mujer de mediana edad, que nació en Brasil pero lleva un par de décadas viviendo en México, así que ya casi no tiene acento. Sin embargo, el ligero tono carioca que conserva le pareció divertido a mi niña.

Fue una sesión intensa. Entre piedras de colores, arcilla y un juego de mesa, Susana logró que Cami dijera que estaba enojada y triste porque extrañaba a su papá. La terapeuta le preguntó entonces si creía que yo tenía la culpa de que él ya no estuviera, y al principio dijo que sí. Susana le recordó entonces que sus papás ya no se llevaban bien y sólo peleaban todo el tiempo, y le preguntó que cómo le hacía sentir eso. Mi pequeña se quedó callada. Ese día no quiso responder esa pregunta en particular.

Pero era la primera sesión y no todo sucede tan rápido como una quisiera, mucho menos cuando se trata de heridas tan profundas y frescas. Había que tener paciencia.

Para las siguientes sesiones, llevaba a Cami y la esperaba tomando un café en un lugar cercano. Me preguntaba si algún día lograríamos sanar. Fuera de que estaba somnolienta casi todo el día por el ansiolítico (que el doctor me quitó en cuanto le comenté sobre este efecto), me sentía cada vez un poco mejor. Me convencía más de que habíamos hecho lo correcto para los tres; sólo faltaba que mi niña lo asimilara sin tanto dolor.

Entre las terapias con Susana, y el hecho de que su papá se comunicó con ella, Cami empezó, poco a poco, a estar menos enojada. Ahora sólo era necesario reconstruir lo que se había roto entre ella y yo. Empezaba a entender que yo no había tenido la culpa (o al menos no toda) de que su papá se fuera, y sobre todo empezó a verme menos enojona, menos amargada, menos triste; y se dio cuenta de que, por lo tanto, había dejado de gritar.

Fue ese silencio suave y cordial lo que empezó a desplazar los gritos de antes. Se sentía bien hablar a un nivel de voz natural. Claro que todavía había cosas que me "sacaban de mis casillas", como tener que decirle más de tres veces que se metiera a bañar, que apagara la tele, que viniera a la mesa a cenar o que se acostara porque al día siguiente había escuela, pero en general todo iba mucho mejor.

Además su papá empezó a llevársela algunos fines de semana a su casa, y ella se iba muy contenta. Yo no tenía porqué desanimarla o hablarle mal de su papá; es lo peor que se puede hacer en esos casos.

Se comete violencia familiar cuando alguno de sus integrantes transforme la conciencia de un menor de edad con el objeto de impedir, obstaculizar o destruir sus vínculos con uno de sus progenitores.

Esta conducta se denomina *alienación parental* cuando es realizada por uno de los padres, quien por este motivo sería suspendido de la patria potestad del hijo y, en consecuencia, del régimen de visitas y convivencias que, en su caso, tenga decretado.

Así lo establecen las nuevas disposiciones del Código Civil para el Distrito Federal publicadas por el Gobierno capitalino a través de la Gaceta Oficial, que entrará en vigor a partir de este sábado.

El documento indica que en caso de que el padre alienador tenga la guarda y custodia del niño, ésta pasará de inmediato al otro progenitor, si se trata de un caso de alienación leve o moderada.

En el supuesto de que el menor presente un grado de alienación parental severo, en ningún caso permanecerá bajo el cuidado del progenitor alienador o de la familia de éste, se suspenderá todo contacto con el padre alienador y el menor será sometido al tratamiento que indique el especialista que haya diagnosticado dicho trastorno.

**FUENTE:** "Alienación parental es causa para perder patria potestad de menores". *El Financiero*. 9 de mayo de 2014

Recuerdo que la primera vez, cuando me quedé sola en el departamento un fin de semana completo, tuve sensaciones contradictorias: por una parte, extrañaba su vocecita, el ruido de sus pasos, sus cuadernos, hojas en blanco, plumones y colores regados en la mesa del comedor, y sus risas. La extrañaba tanto que casi me dolía el pecho. Pero también experimentaba una especie de libertad que no había sentido desde que su papá se mudó a vivir conmigo, antes de que ella naciera. De pronto no sabía qué hacer con tanto espacio, con tanto tiempo. No tenía humor de salir con amigas, y mucho menos de conocer a otros hombres, así que cuando no tenía guardia en el canal o algún reportaje pendiente que redactar para *Sinembargo.Mx* y *Variopinto*, le preguntaba a mis papás que qué iban a hacer, y cual adolescente, me sumaba en sus planes. Si iban a comer, ahí iba también; si iban al cine, los acompañaba.

La verdad es que, aunque esto no sucedió en muchas ocasiones, mis papás me tuvieron mucha paciencia. Ellos también habían quedado atrapados en el torbellino de los pleitos entre el papá de mi niña y yo, y la habían pasado mal, sobre todo por Cami.

Así que de alguna manera creo que se sintieron mejor sabiendo que estábamos separados y que así ya no podíamos hacerle más daño a nuestra niña.

# Norma Andrade

**Maestra normalista, activista de derechos humanos | Madre de dos hijas y, desde hace 13 años, también de dos nietos.**

La primera vez que vi a Norma Andrade fue en el documental *Bajo Juárez. La ciudad devorando a sus hijas*, de Alejandra Sánchez y José Antonio Cordero. La historia de la maestra de primaria que el asesinato de su hija menor había convertido en activista me conmovió profundamente. Algunos años después tuve el honor de conocerla en persona, y cuando le pedí una entrevista para este libro aceptó de inmediato. Conversamos en un café de Coyoacán; ella, tomando un capuchino, yo, un té helado. A pesar de lo que le ha tocado vivir, como buena norteña Norma ríe, y lo hace a todo volumen. Los escoltas que suelen acompañarla a todos lados no estaban por ahí; uno estaba acompañando a Jade a una plaza comercial cercana y el otro se había quedado en casa con Caleb, sus nietos.

Alejandra fue secuestrada el 14 de febrero de 2001, y la encontramos siete días después, el 21 de febrero. Tenía 24 horas de haber sido asesinada. La autopsia dice que murió el 20 de febrero.

Yo creo que el asesinato de Alejandra le dio un giro completo a mi vida. Para mí el ser abuela fue un lapso muy pequeño. Ser abuelo es lo más bello que hay porque chiqueas, apapachas, mal educas. Y a la hora de que el niño te cansa le dices a la mamá: "llévate a tu criatura". Y como mamá no puedes hacer eso.

Jamás me imaginé volver a convertirme en madre. Recuerdo que cuando Jade se enfermaba, en vida de mi hija Alejandra, su mamá, me decía mi esposo: "no, no, no. Esa ya no es tu responsabilidad. Ahí tiene a su mamá para que la atienda"... Mi esposo sí me obligaba a marcar las diferencias.

De abuela pasé a ser madre, de maestra pasé a ser activista y luego derecho humanista.

Cuando asumo la responsabilidad, recuerdo que me pregunta mi hermano: "¿qué va a pasar con los niños?". Entonces volteé y le dije: "Me quedo con ellos. Me quedo con mis hijos". Y mi hermano me lo volvió a recalcar: "¿te has puesto a pensar en la responsabilidad que es?". Le respondí: "Claro que sí. Son mis hijos y se quedan conmigo. Y sin discusión".

Alejandra vivía conmigo. El muchacho y ella se habían peleado. Estaban separados. Tendrían separados como tres meses, más o menos. Pero los niños estaban reconocidos nada más por Alejandra. Entonces, cuando la enterramos, ahí, bajando el cuerpo de mi hija en el panteón, yo le dije a Ricardo: "Los niños se quedan conmigo. Cuando usted los quiera ir a ver, las puertas de mi casa están abiertas para que usted vaya y los vea, pero no los va a poder sacar hasta que me demuestre que merece esa confianza". Él solo se cerró las puertas.

Yo duré febrero y marzo sin trabajar, con goce de sueldo; una chulada mi director me dio permiso. Una compañera amiga mía que también con nada le pago el favor se hizo cargo de mi grupo: ella trabajaba en el turno de la tarde, entonces cubría mi grupo en el turno de la mañana sin que yo le hubiese pagado un sólo peso.

Yo regreso en abril, y entonces ya el sindicato me había ayudado... Bueno, en realidad no fue el sindicato, fue otra compañera maestra, Alma Loya, que obligó al sindicato a ayudarme. Me ayudaron a meter a los niños a la guardería del CENDI, que es para los trabajadores de gobierno. Ahí en Juárez nada más hay dos y están muy cotizadas, entonces no había espacio para esas fechas y me los iban a mandar a lista de espera cuando fui yo sola. Entonces, cuando fue la maestra Alma conmigo, les dijo: "A ver, ¿ustedes conocen otra situación igual?", porque habían dicho: "es que excepciones hay muchas". Entonces ya no le quedó de otra al maestro Felipe que moverle. Cuando llegaron a la guardería, lo reconozco, mis hijos fueron muy bien recibidos. Caleb iba de seis meses y medio y la niña iba a cumplir los dos años.

De ahí salieron ya con su preescolar, hasta que se fueron ya conmigo a la primaria.

Aparte de mi actividad, de tener que llevar a los niños a la guardería, yo me iba a trabajar; saliendo de trabajar me iba a la organización (*Nuestras Hijas de Regreso a Casa*). Compaginaba mi trabajo de la escuela con la organización y con mis niños. Y Jade y Caleb crecieron conmigo entre las marchas, los mítines. Se la pasaban de brazo en brazo; cuando tenía que salir, me los traía conmigo, y aquí en las marchas en México, también.

Sí fue muy duro. Yo recuerdo que a veces hasta subir las escaleras de mi casa me costaba trabajo porque la depresión era muy fuerte y lo peor es que no era visible.

Cuando recibo el primer atentado, una vecina me hace favor de esconderlos, pero cuando se da cuenta la abuela paterna de lo que sucede, va y se los quita. Y luego Ricardo, el papá (de nombre nada más, por cierto) va por ellos y se los quiere llevar. Los esconde. Esto fue en diciembre del 2011.

Para sacarlos de con Ricardo hubo que ir con la policía. Malú, mi hija mayor, tuvo que llevar policías para podérselos quitar. Para los niños todo eso fue muy traumático.

Entonces se los traen para acá (la Ciudad de México) los abogados, y yo estaba recién salida de la cirugía, porque me dieron cinco balazos. Pero estoy viva. La persona que me disparó lo hizo a menos de metro y medio de distancia.

Cuando llegué aquí, me estaban esperando para trasladarme a la vivienda donde estuve los primeros 15 días. El 25 y el 31 de diciembre los niños convivieron conmigo; el primero de enero nos vamos a vivir a un hotel que está aquí en Coyoacán, mientras nos entregaban la vivienda. Se vinieron conmigo porque Caleb ya iba a entrar a la escuela.

Tenía dos semanas viviendo en la casa que me había rentado el gobierno, todavía ni siquiera mis amistades sabían dónde vivía, cuando venía de dejar al niño a la escuela, iba a entrar a la casa y algo me hizo voltear y veo a un joven con una navaja. Por instinto, con mi mano enyesada pego hacia atrás; con la muñeca de la mano derecha le pego en la cara y casi estoy segura de que le quebré la nariz porque esto de aquí traía fierro para inmovilizar la mano. Él no esperaba el golpe y empezamos a forcejear; yo lo empiezo a patear y trastabillamos y nos caemos. Cuando vamos cayendo él me pica en la mejilla y en el cuello. Su intención era darme en la yugular.

Afortunadamente una vecina que iba saliendo vio el pleito, se devuelve, le habla al esposo, y cuando él va corriendo para allá, obliga al muchacho a salir corriendo.

Ahora vivimos con escoltas que nos puso la PGR. Dice Caleb que "hasta para echarse un pedo", con perdón de la expresión, "está ahí el escolta a un lado de mí. Es bien feo, porque no tengo vida".

Afuera de la escuela siempre se queda uno de los escoltas, aunque no se los entregan a nadie si no es a mí. Caleb está en tercero de secundaria y Jade logró entrar a Bachilleres.

A fiestas de plano no van. Sí van al parque, pero siempre está uno de los escoltas. Vamos al cine, ahí están los escoltas. Y de hecho nunca vamos al cine nosotros tres solos; siempre vamos acompañados de los abogados.

Creo que la mayor parte del tiempo me levanto positiva, pero a veces es imposible: también caigo en etapas de depresión, sobre todo cuando la niña está enferma. Cuando a Jade le dan crisis, me es muy difícil manejarlas, entonces también caigo yo. Claro que no de la misma manera porque yo sé que tengo que estar ahí y que ellos me necesitan. De repente me suelto llorando, llamo histérica a mis abogados, que son mi paño de lágrimas.

# 9

## Curar las heridas y poner límites

La maternidad no es una bendición, ni un regalo del cielo, sino el acontecimiento que modifica de manera más radical e irreversible la existencia de una mujer. Así, resulta inconcebible que las grandes protagonistas de esta historia carezcan de libertad para decidir cuándo quieren emprender, o no, esa aventura.

**Almudena Grandes**

Cami asistió a terapia con Susana hasta finales de 2012. Mientras mi niña moldeaba con arcilla los monstruos que aparecían en sus sueños y los pintaba de rojo, negro y azul marino, también comprendía poco a poco que las cosas en casa ahora estaban mejor. Todavía se enojaba por asuntos insignificantes y había que hacer esfuerzos para hacerla obedecer cuando le pedía cosas rutinarias: lavarse los dientes, bañarse o acostarse a dormir, pero al menos ya no lloraba todo el tiempo. Es más, casi ya no lloraba. Cuando su papá venía a recogerla era la más feliz; saltaba a su regazo para que la cargara, y yo los veía caminar hacia el carro; él, cargándola y con una sonrisa dulce, como cuando lo conocí (la misma que se había borrado de su rostro desde que su mamá enfermó gravemente); ella, recargando su cabecita en el hombro enorme de él, sonriendo también pero con los ojos cerrados, como si quisiera que ese momento se quedara para siempre en su memoria.

Conforme empecé a tener algunos fines de semana libres, me puse a escribir más, casi con desesperación. Siempre me interesaron las historias de otras mujeres y de quienes, desde las posiciones más desfavorecidas (económicas, sociales, de acceso a la educación), lograban construirse una vida mejor para ellos, sus familias y comunidades, y ahora tenía la oportunidad de contarlas con más calma y profundidad. Saberme mujer, periodista, separada, madre de una niña, me había vuelto más sensible ante estos temas. Estaba empezando a hacer al egoísmo (ese monstruo impaciente que me persiguió la mayor parte de la infancia y de la adolescencia) a un lado.

Una cosa tenía muy en claro: tenía que conducir mi vida de modo que mi niña viera que se puede ser mujer, mamá y apasionarse por lo que uno hace hasta el punto de sentirse segura de que para eso se está en este mundo. Que no se tiene por qué renunciar a nada de lo que uno ama.

Para empezar, tenía que reconstruir mi autoestima lastimada. Me quité un peso de encima cuando dejó de preocuparme tanto "cómo me veía", y me empecé a concentrar en "cómo me sentía". Dejé de comer por ansiedad y bajé de peso; recuperé la figura que solía tener y me sentía mucho mejor, aunque también comprendí que mi herencia genética, mi metabolismo y mi estructura ósea nunca me van a permitir ser flaca, pero eso ya no importa. Aprendí poco a poco a aceptarme así. A abrazar a las mujeres que me antecedieron en el árbol genealógico de mi familia, y a pensar en el peso en relación con la salud, antes que con una falsa estética construida desde las pasarelas de países en los que las mujeres, paradójicamente, no tendrían por qué pasar hambre.

---

*¿Cómo calcular tu índice de masa corporal? (IMC)*

Saber tu índice de masa corporal es muy importante, ya que a través de él podemos conocer nuestro estado nutricional y así poder actuar conforme a las necesidades de nuestro cuerpo, también es determinante al momento de la toma de decisión de lo que queremos y buscamos en nuestra figura. Además, conocerlo te servirá para tener un aproximado del estado de tu salud.

*¿Qué es el IMC?*

Es una medida de asociación entre el peso y la estatura de una persona; se utiliza en medicina con el fin de calcular los factores de riesgo que existen en la salud (Kg/m2).

Dado que numerosos informes médicos consideran el exceso de peso como el factor de mayor riesgo para la salud, vale la pena que dediquemos unos minutos de nuestro tiempo a calcular nuestro IMC y así actuar conforme al resultado.

Actualmente la Organización Mundial de la Salud (OMS) considera que el IMC normal está situado en un rango de 18.5 a 24.9. Un IMC por debajo de 18,5 indica desnutrición o algún problema de salud, mientras que un IMC superior a 25 indica sobrepeso. Por encima de 30 hay obesidad leve, y por encima de 40 hay obesidad elevada que necesita seguimiento médico continuo.

**FUENTE:** Discovery Home and Health. Discovery Mujer. Recuperado de http://www.discoverymujer.com/fansite/belleza-sin-limites/calcula-tu-masa-corporal/

Al tiempo que mejoraba mi relación conmigo misma, también sanaba la de Cami conmigo. Empezamos a pasar más momentos juntas y dejó de decirme, a cada rato, a modo de reproche: "estamos así porque tú le dijiste a mi papá que se fuera" o "esto pasa porque tú le pediste a mi papá que se fuera de la casa". Claro que no todo cambia de un día para otro, y el proceso aún hoy es lento. A veces avanzamos un paso y retrocedemos dos, tanto en mejorar su conducta como en mi proceso de ponerle límites y sanar mi autoestima, pero ahí vamos, paso a paso.

\* \* \*

La del 2012 fue la primera Navidad que pasamos sin el papá de Cami. Creí que iba a ser difícil para mi niña, pero, si lo fue, supo disimular muy bien. Como cada año, estuvimos unos días en Querétaro, en donde la familia de Vale y nosotras alquilamos habitaciones en un hotel para que los niños disfrutaran del clima cálido de la ciudad, que predomina aún en diciembre. En Nochebuena cenamos en casa de mis tíos Jorge y Rosita (hermana de mi papá). Cami estuvo contenta, tanto en el hotel —jugando con Pato— como en la cena. Después de Navidad nos quedamos un par de días más y regresamos a la Ciudad de México.

Fuera de lugares comunes y dejando de lado la propaganda comercial que las convierte en cuadros familiares de galletitas y rompope, chimenea y nieve que resbala por las ventanas, esas fechas siempre son mis preferidas: después del ajetreo de la cobertura de la Feria Internacional del Libro de Guadalajara pido dos semanas de vacaciones en el Canal que hago coincidir con las de Cami, así que nos levantamos tarde todos los días, preparamos algo rico u ordenamos algo por teléfono para desayunar; leemos, vemos la tele, comemos fuera, recorremos tiendas y librerías para comprar los regalos para la familia que vamos a visitar; nos desvelamos viendo una película o ella dibujando y yo escribiendo o leyendo. ¡Cómo no me va a gustar esa época, si antes y después de Navidad son los días en que paso más tiempo con mi hija!

Así como fue la primera Navidad sin su papá, para mí fue el primer Año Nuevo sin ella. No puedo negar que fue raro, y que la extrañé (creo que incluso lloré en algún momento), pero cuando le hablé por teléfono, cerca de las 11 de la noche, se notaba que se la estaba pasando muy bien. Su vocecita se oía alegre, y al fondo se alcanzaba a distinguir el barullo de la fiesta. Entendí que era muy importante que mi niña conviviera también con su familia paterna, de quien lleva tanto en la sangre como de la mía (por ejemplo: tiene los labios llenitos como los que yo heredé de mi papá, pero los ojos y el cabello color miel, como sus primas por el lado de su papá), y una vez más pensé que ese complejo y perfecto ser no era mío, que su vida no me pertenecía sólo por haberla traído a este mundo, que tarde o temprano se irá y mi papel es darle, ahora y siempre, lo mejor de mí para que crezca feliz.

\* \* \*

El invierno fue particularmente frío, pero mi niña y yo estábamos cada vez más a gusto en nuestro departamento; nos sentíamos más apropiadas de nuestro espacio. En enero regalé la sala, que ya estaba vieja y maltratada, y fuimos juntas a escoger un futón para reemplazarla. Elegimos el color de madera que queríamos, así como la tela. Con ese detalle empezamos a darle un nuevo rostro al lugar en donde ahora sí íbamos a vivir solas.

La primavera del 2013 trajo lo que pensé que iba a ser un gran cambio en nuestras vidas. En marzo inicié una relación amorosa. Al principio fue difícil porque se trataba del maestro de mi hija, así que decidimos no decirle hasta que terminara el año escolar para que no se sintiera incómoda o confundida.

*¿Cómo contarle a sus hijos un nuevo amor?*

Rosa Collado, especialista en psicoterapia integradora del centro Álava Reyes de Madrid, considera un error presentar a la pareja al niño al poco de separarse porque le crea confusión y no le permite integrar esa información del mismo modo que lo haría un adulto.

Conviene acercar a los hijos a esa persona cuando la relación se convierta en estable, con probabilidad de seguir a largo plazo (...)

También es importante remarcar que el hecho de estar con alguien es porque les hace felices, pero que nunca esa persona sustituirá a sus padres biológicos. Por último, transmitir la idea de que por muy importante que sea la nueva pareja, ellos son lo fundamental, lo más grande en su vida (...)

Las explicaciones y las conversaciones de los padres, agrega Patricia Huelves, sexóloga de la Federación de Planificación Familiar Estatal (FPFE), tienen que ajustarse a las capacidades y edad de los chicos, es decir, usar un lenguaje para jóvenes, no para niños.

Collado recomienda "decirlo cuando padre e hijo compartan algo divertido o cuando compartan tiempo de ocio para disfrutar de algo que les guste a ambos". (...)

En todas estas situaciones es muy importante la educación recibida. "Educar a los hijos consiste en prepararlos para la realidad en la que vivimos", dice Patricia Huelves.

**FUENTE:** Beatriz G. Portalatín. *¿Cómo contarle a sus hijos un nuevo amor?*, Universidad Complutense de Madrid. Recuperado de https://www.ucm.es/data/cont/media/www/pag-53330/abatceu.pdf

Es curioso comprobar cómo la vida te otorga lo que le pides: como la relación con el padre de mi niña ya estaba acabada desde mucho antes de la separación violenta en julio del 2012, poco después empecé a repetirme que deseaba encontrar a un hombre más maduro, que me respetara, me hiciera compañía y que compartiera mi interés por las letras y el cine. Alguien que trajera a mi vida un poco de paz. Me decía que no quería un compromiso serio, porque Cami y yo nos estábamos acomodando a vivir solas por primera vez, así que alguien que estuviera en el mismo tenor que yo sería perfecto.

Eso fue todo lo que pedí, y eso fue exactamente lo que llegó a mí. Se trataba de un hombre casi 10 años mayor que yo, también separado y que también tenía una hija. Me trataba con sumo respeto, pero también nos reíamos mucho y disfrutábamos algunas cosas similares; por ejemplo, leer obras de escritores como Amos Oz y Javier Cercas, ver películas de Terry Gilliam o la serie *The Killing*, degustar quesos maduros, salmón fresco de Escocia y los buenos vinos. Seguramente llegó a tenerme cariño, al igual que yo a él, pero nada más.

Hubo una noche que recuerdo perfectamente, cuando Cami ya sabía de nuestra relación, y por algún motivo que no tenía nada que ver con él (al menos en apariencia) se enojó mucho y empezó a gritar muchas cosas (de las cuales ya no me acuerdo), pero remató diciendo: "y además, me molesta que él esté aquí".

Él se acercó a platicar con ella, que temblaba de coraje y con las manos cruzadas en el pecho, ni siquiera lo volteaba a ver. Le dijo que nunca había sido ni sería su intención reemplazar a su padre, a quien no conocía, pero que merecía todo su respeto; que le gustaba compartir tiempo conmigo y también con ella, pero de ninguna manera quería imponer su presencia, y finalmente le pidió que no fuera grosera con él, ya que él nunca lo había sido con ella, y resultaba muy incómodo estar en una casa en donde alguien no lo quería.

A partir de esa conversación, Cami se suavizó. Incluso, cuando se acercaba el fin de semana me preguntaba si él no iba a venir, o qué íbamos a hacer con él, si iríamos al cine o veríamos películas en casa. Poco después, conocimos a su hija, una niña hermosa y dulce, de cabello largo y ojos oscuros, que se hizo amiga de Cami de inmediato. Llegamos a salir los cuatro un par de veces, a desayunar, a comer y al cine, y siempre la pasábamos muy bien.

\* \* \*

El verano del 2013, por primera vez, Camila y yo nos fuimos solas de vacaciones. Con las regalías que me dieron por el mismo libro que el año anterior compré un viaje todo incluído a Cancún. Nos la pasamos muy contentas; nadamos todos los días en la alberca, en donde jugábamos a que éramos una mamá rana que enseñaba a su bebé ranita a nadar; comimos muy bien, y desde la ventana de nuestra habitación amanecíamos con la visión de la imponente alfombra turquesa y verde del Caribe perdiéndose en el cielo varios tonos más claros del horizonte.

Por las tardes, cuando salía de su trabajo, mi primo Miguel Ángel (Tato) iba por nosotras al hotel y nos llevaba a cenar, o a pasear a algún *mall* de Paseo Kukulkán y a tomar un helado. Cami lo adora; tiene un lazo muy fuerte con él, y para Vale y para mí ha sido siempre como un hermano menor.

Camila celebró sus nueve años de vida con mi primo y conmigo en un Italiannis (que fue su elección), seguramente extrañando a su papá, pero contenta.

Mi hija y yo estuvimos en Cancún seis días, dos más de lo que habíamos estado el año anterior en Playa del Carmen con su papá. Para mí era muy importante hacer este viaje, porque a mis papás (sobre todo a mi mamá) le daba miedo que fuéramos solas. Quise demostrarles (a mis papás, pero también a mi niña y sobre todo a mí misma) que todo estaría bien, no sólo en ese viaje, sino de ahí en adelante. Que sería capaz de criar a mi hija, de cuidarla y de hacerla feliz, y también de estrechar los lazos entre nosotras.

\* \* \*

En 2013 también compré un coche nuevo. Era de la misma marca y modelo que el anterior, que habíamos comprado entre el papá de mi niña y yo: un auto compacto, que no gasta mucha gasolina, y en donde cabemos perfectamente Cami y yo.

Esto lo menciono no por presumir, sino porque el día en que entregué el coche viejo a la agencia, que me lo tomó como parte del enganche para éste, ella lloró mucho. Le preguntaba que qué le pasaba, y sólo decía entre lágrimas "¡cochecito!, ¡voy a extrañar a cochecito!". No lo sé con certeza, pero supongo que sintió que al despedirse de ese carro se despedía de una parte de su vida que no iba a volver; era el auto con el que habíamos viajado los tres al Festival de Cine de Morelia, cuando tenía menos de tres años de edad y ella y su papá me acompañaron a la cobertura de la fiesta del cine. Era también el auto con el que habíamos ido a San Miguel Regla a pasar un fin de semana, cuando ella todavía no caminaba y decidimos llevarla a que conociera esa zona en la que el verde se desborda por todas partes, y donde las piedras se alinearon en formas caprichosas en los Prismas Basálticos. Por supuesto que era el carro en el que íbamos todos los años a Querétaro a pasar la Navidad, y al municipio del Estado de México donde vivía su abuela paterna a celebrar el Año Nuevo. ¡Cómo no iba a dolerle esa despedida!

\* \* \*

La Navidad de 2013, el hombre con el que estaba saliendo nos acompañó a Querétaro. Desafortunadamente, su hija no pudo ir. Hubiera sido bueno que las niñas convivieran más, ya que se notaba que se tenían un gran cariño, pero él siempre se mostró reacio a hacer cosas que pudieran enojar o simplemente incomodar a su ex mujer. Creo que se le hizo muy atrevido pedirle permiso para llevarse a su hija a pasar las vacaciones con la nueva novia y su familia.

Sin embargo, fue un viaje divertido; Cami se la pasó muy contenta con Pato, y nosotros con Vale y Alfonso. Además, mi primo Tato vino de Cancún y fuimos un día a San Miguel de Allende, que está como a 45 minutos de Querétaro, a caminar y a comer.

Sentí que por fin estábamos construyendo una nueva familia, y tuve la ilusión de que funcionaría (a pesar de que me había contrariado que la hija de él no nos hubiera acompañado), pero no pasaría mucho tiempo antes de que me diera cuenta de que me había equivocado.

Este hombre, como es maestro, tenía mucho la manía de decirme qué debía hacer con mi hija, cómo debía educarla. Insistía mucho en que Camila no tenía límites y estaba desarrollando una personalidad egocéntrica y desapegada. Yo, por supuesto, me enojaba mucho: le decía que si yo no me metía con la manera en que él educaba a su hija, él tampoco tenía derecho a interferir en la educación de la mía.

Por ahí se empezó a desgastar el hilo, ya de por sí frágil, que nos unía.

\* \* \*

También me daba cuenta de que mi hija necesitaba límites. A principios de 2014 empecé a pensar que, si bien había experimentado una pérdida con la separación de sus padres, ya era hora de que empezara a dejar de portarse como a veces —cada vez menos pero todavía— lo hacía: respondiendo con tremendos berrinches cuando le negaba algo que me pedía, o cuando le decía que se tenía que bañar o lavar los dientes o que ya era hora de hacer la tarea o irse a la cama.

Sí, me molestaba que me lo dijera el hombre con el que salía, porque consideraba que nuestros lazos todavía no estaban tan estrechos como para que opinara sobre la educación de mi hija, pero en el fondo reconocía que tenía algo de razón.

Empecé a poner en práctica decirle que no a sus demandas exageradas: cada vez que salíamos a comer o al cine quería, además, un juguete o un libro. Esto no tenía nada que ver con poder comprárselos o no; había ocasiones en que tenía el dinero pero no había ninguna razón para comprar otro juguete, cuando su recámara desborda de cosas que ya no sabe ni dónde poner.

Debo confesar que con los libros me costaba (y me cuesta) más trabajo decirle que no, porque también son mi pasión, pero aún así empecé a hacer el esfuerzo de no comprarle uno cada vez que me lo pidiera.

En cuanto a su negativa a hacer las cosas que le corresponden, he aprendido a negociar poco a poco; por ejemplo: le pido que haga la tarea y su respuesta es: "en un ratito más". Entonces le pregunto: "¿cuánto es un ratito?", y si me responde: "un ratito es un ratito", yo soy la que fijo el lapso: "Está bien. La haces en 20 minutos. Eso es 'un ratito' suficiente".

Si pasados esos 20 minutos me vuelve a decir que no; le advierto que va a haber consecuencias; por ejemplo, no ver la televisión hasta mañana o no usar el iPad el resto del día. Rara vez tengo que poner en práctica esas advertencias, porque en ese punto ya suele obedecer.

No voy a decir que todo marcha sobre ruedas: como ya mencioné, un día avanzamos un paso y al siguiente retrocedemos dos.

Es un trabajo de tiempo completo en el que cualquier renuncia, por pequeña que sea, a menudo puede echar a perder el camino andado.

Pero lo importante, creo, es no desanimarse; seguir intentándolo todos los días, y sobre todo, hacer a un lado la culpa, esa vieja roñosa que siempre nos susurra al oído que lo estamos haciendo mal, sobre todo en momentos en que sabemos que es urgente ponerle límites a nuestros hijos.

Aunque sigamos teniendo la fantasía de encontrar esa receta mágica para educar a nuestros hijos, la verdad es que como humanidad estamos iniciando una nueva etapa. Estamos abriéndonos a nuevos cuestionamientos. Tenemos un nuevo nivel de conciencia y por eso queremos desechar lo viejo en busca de lo nuevo. Adiós al autoritarismo. Adiós a la represión. Pero como toda nueva propuesta, *estamos tirando al bebé con el agua sucia de la bañera,* como dice la expresión estadounidense. Hemos ido del extremo del autoritarismo al extremo de la permisividad. Entonces, ahora el niño puede hacer lo que le venga en gana, no sea que "lo vayamos a traumar".

El niño consentido, que antiguamente era la excepción, ahora es la regla, lo hemos presenciado en Estados Unidos desde los años sesenta, lo empezamos a observar ahora en los demás países. El niño que rompe cosas, insulta a los padres o los golpea, y los padres lo permiten "porque el niño está enojado y se está desahogando".

Nuestros antepasados y muchos de nosotros fuimos educados en esta forma autoritaria. Crecimos bajo la ley de "lo haces porque te lo digo y punto".

En este sistema autoritario el niño tenía muy claro sus límites y sabía las consecuencias si no obedecía.

"No tengo idea de cómo voy a educar a mis hijos; lo único que tengo claro es que no voy a cometer los mismo errores que mis padres". Éste se convirtió en el nuevo lema de aquellos que de niños sufrieron heridas a manos del sistema autoritario.

Con esta sincera resolución han ido de un polo a otro. Es así como de ser autoritarios se han convertido ahora en padres permisivos.

El padre permisivo está muchas veces presente en cuerpo, pero no en alma. Mira pero no ve. Sólo se medio ocupa del niño, que sabe que está en libertad de hacer todo lo que quiere sin restricción alguna.

Aunque tratemos a los niños como jóvenes, la niñez no se elimina, sólo se distorsiona, se acorta, se llena de miedos y se enferma.

Cuando olvidamos y confundimos nuestras prioridades, olvidamos el lugar que ocupan nuestros hijos en nuestra vida. Olvidamos que sólo serán niños por unos años. Que no siempre nos estarán esperando parados en la puerta. Que no siempre seremos los primeros en sus corazones ni a los que busquen para llorar sus sinsabores. Olvidamos que también para ellos transcurre el tiempo y que una vez que esta niñez se despide, ya no regresa. Que su compañía es un regalo para gozar en el presente.

**FUENTE:** Rosa Barocio. *Disciplina con amor. Cómo poner límites sin ahogarse en la culpa.* México: Editorial Pax México, 2004.

# María Fernanda Bolaños Martínez

## Estudiante | Madre de un hijo

María Fernanda es la hija de Adriana, una amiga muy querida. Hace un par de años, cuando esta amiga, su pareja y yo comíamos en un restaurante en Guadalajara, durante la Feria Internacional del Libro, me contó que su hija estaba embarazada. Nos dejamos de ver por mucho tiempo, pero como ocurre con muchas amistades en esta época, seguimos en contacto por medio del Facebook. Ahí me di cuenta de que Feri, como le llama su madre, se ha convertido en una mamá feliz y responsable.

Tengo 18 años. Tenía 17 cuando nació Mateo.

Estaba en la prepa; apenas había terminado el primer año.

Cuando me enteré de que estaba embarazada fue muy difícil. Sinceramente, en su momento, sentí que mi mundo se venía abajo. Sí lloré. Cuando tenía como dos meses de embarazo dije: "es que no es mi ideal ser mamá. No quiero ser mamá, pero no quiero abortar".

Como estaba muy consciente de que abortar no estaba en mi proyecto de vida, la consecuencia es que iba a ser mamá. Así que sí, al principio el embarazo fue muy difícil porque como que no sabía bien qué onda. Para empezar todo lo hormonal, y para seguir todas las confusiones porque me separé de su papá, no tuve ese apoyo ni durante el embarazo ni en el primer año de vida de mi hijo. Fue como "no inventes: voy a tener un bebé y aparte estoy sola".

Pero por otro lado era la más emocionada; tuve el apoyo de mis papás, de mi familia, de amigos.

Yo quería irme a estudiar a Inglaterra. Mi plan era ir a estudiar la carrera a Oxford. Entonces acabé el primer año de prepa y pensaba meterme de todos modos a la prepa abierta porque quería acabarla más rápido para irme a un propedéutico y luego a seguirme en la carrera allá. Ya no pude y dejé de estudiar durante el embarazo y como hasta los siete meses de Mateo, más o menos.

La verdad mi mamá ha sido la que más me ha apoyado, la que más ha estado conmigo y con el niño. Lo que sí es cierto es que al principio fue la primera que me dijo: "¡Qué pendeja estás!". Siempre hemos tenido una relación muy directa, muy abierta, le puedo contar de todo, pero también me dice las cosas como las piensa, como van. Aunque sea como balde de agua fría.

Pero con todo y todo me dijo: "es lo que tú decidas y yo te voy a apoyar en todo", y así lo ha hecho. Ella es la que me ha apoyado en todo, incluso cuando me deprimí.

Yo tengo con mis papás una historia de que ellos se separaron cuando yo era muy chiquita; se separaron de una manera muy fea. Mi papá le quitó, de una manera bastante ilegal, la custodia a mi mamá.

En una parte de mi embarazo se me revivió la historia de "no inventes; me van a querer quitar a mi hijo". El día que llegué del hospital se aparecieron (la familia del papá de Mateo) aquí en mi casa... Fue como esa angustia de no saber qué iba a pasar con mi hijo y conmigo.

Ahora ya regresé a estudiar; tengo un mes en la universidad.

Un día normal en mi vida es: me levanto temprano; Mateo todavía no se despierta. Me arreglo para irme a la escuela y cuando me voy siempre me despido de él aunque a veces no está muy despierto todavía. Llego de la escuela, como con él, estamos juntos en la tarde, lo baño, vemos la tele, platicamos (bueno, todo lo que dices lo repite, entonces ya puedes medio platicar con él).

Me gustaría que Mateo aprenda que es una bendición que él tenga todo y que hay gente que no lo tiene y que siempre se puede hacer algo por los demás.

Que sea lo que sea, que haga lo que quiera, siempre y cuando sea feliz. Que viva una vida que valga la pena vivir.

# Epílogo
## De la mano hacia el futuro

Este año han sucedido muchas cosas: la relación que comencé en el 2013 terminó como empezó: sin dramas ni aspavientos. Estoy agradecida por lo que viví y lo que aprendí, y mi niña también: por los momentos en que él la tomó de la mano para cruzar una calle, o le compró palomitas en el cine, o la ayudó con alguna tarea y, sobre todo, cuando trajo a su hermosa hija para que jugara con ella. Pero ahora es el momento para nosotras. Estando con mi niña, no me siento sola. No tendría por qué.

Este año también comencé a dar clases por primera vez; gracias a una mujer llena de luz, de pelo largo, ojos tristes, voz dulce y corazón generoso: Sandra Lorenzano, escritora, periodista, vicerrectora de la Universidad del Claustro de Sor Juana, y sobre todo, amiga.

La experiencia de enfrentarme a un grupo, de compartir lo que he aprendido en el ejercicio del periodismo y, al mismo tiempo, de aprender de mis alumnos, me ha hecho una persona más plena. Y me confirma que este oficio a menudo ingrato ofrece muchas opciones para ser útil a la sociedad.

Poco después, otro espacio me abrió las puertas para dar clases de periodismo cultural: Un Teatro, Alternativa Escénica. Casi sin conocerme, la bailarina y directora del lugar, Jessica Sandoval, me otorgó su confianza y su apoyo.

Este 2014 nuestra vida cambió radicalmente con la llegada de Chancho, un perrito que adoptamos desde cachorro gracias a una familia que lo salvó de morir en el antirrábico. Desde que su papá se fue, mi niña insistió en que quería un perro. Yo, mujer de gatos, me negué un tiempo, hasta que no pude más. Nunca había tenido perros, y no sabía cómo me iría, pero ahora agradezco la insistencia de mi hija porque este ser pequeñito, de pelo negro y patitas color miel llegó a nuestra vida para volverla más divertida, más amorosa, plena.

Parece que el tiempo se acelera conforme Cami crece. Aunque apenas tiene 10 años, su cuerpo ya casi es el de una mujercita; no tarda en tener su primera menstruación y esto me hace reflexionar en cómo debemos afrontar juntas el futuro.

No puedo creer que de no perderse un capítulo de *Barney* cuando todavía no podía hablar ni caminar bien, a ser fan de Katy Perry o estar "enamorada" de Johnny Depp han pasado sólo un poco más de ocho años, pero así es.

En un país donde la violencia y la discriminación contra las mujeres son avasalladoras, tengo la obligación de enseñarle a mi hija que siempre debe tener muy en claro lo que vale, y no permitir que nadie la trate mal; que es capaz de lograr sus sueños si se lo propone en serio y trabaja mucho, pero siempre con gusto y placer; que debe cuidarse siempre, estar atenta ante las oportunidades que la vida le pueda ofrecer, pero nunca pasar por encima de nadie para obtener lo que quiere; que no olvide ser generosa y también saber disfrutar de la vida; que una caminata al atardecer o una conversación por la mañana son más importantes que tener un auto de lujo; que ningún hombre la va a mantener, que ella tiene que construirse su propio porvenir; que un helado de chocolate sabe mejor cuando te lo comes caminando de la mano de alguien a quien amas.

Espero que siga disfrutando de la compañía de su padre como lo hace ahora, que no pierda la confianza en que pase lo que pase él siempre estará ahí para ella como lo estaré yo. Que crezca segura y fuerte.

Hoy tengo más en claro que, además de mamá, soy mujer y periodista, y que no renunciaré a ninguna de estas cosas (con todo lo que implica cada una de ellas), pero que por nada me quiero perder un sólo segundo de la maravillosa vida de mi hija; que no quiero dejar de acompañarla, darle la mano, jalarle una oreja (metafóricamente, claro) cuando sea necesario, llorar con ella y guiar su destino, hasta que se vuelva adulta y ya no le sean indispensables mis consejos.

Aunque tengo la esperanza de que siempre disfrute de mi compañía.

*Profesión: mamá*, de Irma Gallo,
se terminó de imprimir y encuadernar en noviembre de 2014
en Quad/Graphics Querétaro, S.A. de C.V.
lote 37, fraccionamiento Agro-Industrial La Cruz
Villa del Marqués QT-76240